打開天窗 敢說亮話

WEALTH

天窗出版

富活享贈傳

李澄幸、程俊昌　著

目　錄

陸振球

瀛富資產管理董事、恒生大學客席講師

退休與傳承，乃是人生必要面對的兩大問題，兩者互有關連，最重要是取得平衡，才令人生圓滿。

當然，不同人對於退休與傳承都可能有不同理解，有人會覺得辛苦一世，退休自然要過上好一點的生活，也有人認為要多留些財富贈予下一代，才覺得自己盡了責任，也有人認為不如將遺產用於公益項目，更能福蔭子孫⋯⋯其實沒有所謂誰對誰錯，但認清了自己的目標和方向，又真的擁有足夠資產，還需要懂得部署的方法和籌劃，才能更容易達到預想的目標，不用在人生中留下遺憾。

筆者近年主力從事資產管理業務，除了幫助客戶賺取穩定的現金流收益，也向一些客戶提及如何將相關收益作退休用途及將財富傳承下一代，例如有客戶將獲得的現金流作為獎學金，反映只要放開思維，資金可實現更多元化的目標。

兩位理財專家李澄幸和程俊昌合著的新書《富活享贈傳》，書名中「富活」兩字，實有畫龍點睛之效，財富管理最重要是靈活，便可有千萬種的變化，令不同的理財目標，包括退休與傳承都能同時兼顧。

書中提及的「享贈傳」方法與部署思路，令人大開眼界，如果好好吸收和利用，大家便不用再為退休與傳承的問題而煩惱。

陳志輝教授

大灣區商學院校長、銀紫荊星章、太平紳士

我與本書的作者程俊昌（Gifford）十多年前於香港中文大學逸夫書院舉辦的聚會中認識，我當時是逸夫書院的院長，作為校友的他，非常積極參與書院校友會事務。我見證了他的成長和努力，也感受到了他為人的熱情和於事業上的專注。

通過Gifford，我理解到這本書的兩位作者，多年來一直致力推廣理財教育。這本「富活享贈傳」是他們知識及經驗的結晶，無論你身處哪個年齡層，不管你是專業人士或是企業家，都能從中獲益匪淺。它讓我們明白，退休並非人生的終點，而是另一段璀璨「富活」旅程的起點；傳承也不是單向的給予，也可以是雙向的交流與溝通。在此，我衷心推薦此書，期待每一位讀者在閱讀過程中，都能找到屬於自己家庭的理財規劃藍圖，享受精彩人生。

推薦序

黃世傑

訟辯律師、何敦律師行合夥人

本書作者李澄幸是本人認識多年的好友，也是一名擁有豐富理財知識的暢銷書作者，不少作品長期處於暢銷書榜。他亦經常在報刊撰寫專欄和接受各大傳媒訪問，幫助不少讀者和觀眾了解理財策劃的問題。這次，他把新作命名為《富活享贈傳》，真是一個別具心思的書名，介紹「享」受財富、「贈」與財富、「傳」承財富。

在香港，很多人為自己的事業日以繼夜地辛勤工作，不少人運用自己的聰明才智創業，目的就是為了賺取和累積更多的財富。然而，在都市人繁忙的工作和生活當中，我們不一定有充分的時間和知識來做好得來不易的財富管理。這本書的誕生，正好可以幫助工作繁忙又需要妥當理財的香港人。

本書的內容十分豐富，不只介紹了如何準備退休後享受生活，還解釋了有關財富傳承的問題。我特別欣賞的是，作者把在生時贈與和去世後傳承，分開地詳盡解釋，因為在生時和離去後處理財富的法律和財務操作，以及可用的工具均有不同。要安樂享受退休生活，

如何使用財務工具設計合適的現金流是關鍵；至於現代的傳承，不單指透過訂立遺囑於去世後分配遺產，還可以包括在生時考慮以不同的方式協助子女教育、置業、創業。

本人作為專注於民事和商事訴訟的律師，處理過很多有關繼承的爭議案件，對涉及的金錢糾紛和恩怨情仇也有很深的體會和感受。傳承是大學問，我們要了解和明白可能出現的法律風險因素。根據本人多年的執業經驗，需要特別注意的情況包括：有不同的家庭和子女、有未結婚的情人、兄弟姊妹在同一家族企業工作、父母與女婿或家嫂關係不和。如果家庭中出現這些情況，一般比較容易產生遺產上的爭議衝突，所以應該及早認識和評估風險，盡力預防和積極處理。

透過這本書，作者為大家介紹了如何使用不同工具處理各樣風險，和相關工具各自的優點和限制，加上很多有趣和實際的例子，相信大家將會獲益不淺。

推薦序

西 DorSi

《深圳旅遊新情報 2023-24》作者
「西 DorSi 偽中產生活態度」YouTuber

我在大學剛畢業踏入社會工作時，因參與一次義工活動而與 Ray 及 Gifford 結緣，及後與兩位也多次合作，統籌不同形式的義工活動。

印象最深刻的，是一次他們主動提出可以舉辦一個免費的兒童理財班，教就讀小學的小朋友一些基本的理財觀念。他們所用的教學道具非常有趣，竟然是用上不少人都很喜愛遊玩、老少咸宜的「大富翁」棋盤遊戲！加上兩位善於運用講故事的技巧，讓參與活動的小朋友面對乏味的理財知識也聽得津津有味。各位也不難發現本書中經常列舉不同例子，甚至是現實中的新聞案例，讓讀者能深入淺出理解各種觀念。

雖然本書的主調「享贈傳」，似乎是退休人士最關心的話題，不過讀畢此書，我也發現不少案例背後所帶出的基本理財概念，其實同樣適合不同年齡人士，讓我獲益良多。我自 2017 年年底開始投身全職 YouTuber 行列，及後於 2020 年年底移居深圳，繼續拍攝大灣區旅遊影片，唯時值疫情「封關」期間，港人未能輕易北上，因而令頻道

收入大跌，甚至難以平衡日常生活開支。幸好我早已從兩位作者身上學會不少理財技巧，最終憑多年來的積蓄捱過艱苦的3年疫情。而這些實用的技巧，正是本書第一章帶出的重要觀點。因此本書亦推薦給年輕讀者參考，以便提早規劃退休人生或者積穀防饑。

除了老生常談的理財概念，本書亦就近年港人的實際情況提出眾多因時制宜的建議。不但照顧子孫移民外國的「聯合國家庭」，亦因應疫情後港人北上的熱潮，補充了不少關於灣區退休的資訊，能夠為讀者提供不同的思路。

總括而言，本書以輕鬆活潑的手法，全方位照顧每一位已退休或計劃退休的人士；無論你有任何享用、贈與及傳承財富的想法或疑問，讀畢此書必能有所裨益與啟發。特此願將此書推薦給廣大讀者。

李澄幸

學會「用錢」，
「富活」第二人生

感謝天窗出版社的支持，很高興繼《移英財稅七步走》和《港樓變薪術》之後再一次合作，出版了這本《富活享贈傳》。其實，這三本書可謂既獨立又連貫，獨立在於每本書的不同主題，分別是移民前的財稅規劃（《移英財稅七步走》）、退休策劃（《港樓變薪術》）和是次的主軸「財富傳承」；連貫的則是「以人為本」的理財規劃精神，繼續針對港人的熱門生活議題展開討論。其實，香港理應不缺乏財經資訊，但普遍資訊仍然集中於如何「賺錢」，就所有人都關心的退休而言，最常見的話題便是如何準備退休儲蓄，部分觀點及資訊更是十年如一日，未必跟得上社會、生活及潮流的轉變。有見及此，本書希望反傳統而行，不花太多筆墨在儲蓄或財富增值上，而是更集中討論如何「用錢」。

在學術上，退休前的階段被稱為「Accumulation」，即是「賺錢」；而退休後的階段則是「Decumulation」，即是「用錢」。重視「Accumulation」當然有理，但在長命百歲的趨勢下，假設60歲退休，退休後用錢的時間，與退休前賺錢的時間可謂平分秋色，理財

策劃真的已經不能只談「賺錢」，至少需要進入更重視「用錢」的時代，亦即是本書的主題「享贈傳」——探討如何更好地「享」受所累積的財富、更合理地將財富「贈」與家人，以及更精明地將用不完的財富「傳」承下去。「享贈傳」看似是老生常談的題目，不過今時今日的環境的確變得比從前複雜，理財意識及技巧亦需要有相應的提升，這亦正是本書希望為讀者帶來的價值之一。

首先，環球移居已成趨勢，不但「三代不同堂」，更逐步演變成三代居於不同的國家或地區，退休及傳承思維就需要相應地作出改變，除了考慮財務，更要考慮國籍身份及稅務的影響，做好準備迎接即將到來的「聯合國家庭」時代。另外，社會文化亦持續在變，愈來愈多單身一族、已婚但沒子女、有子女但不能「防老」，甚至是離婚率上升等等，就財富傳承而言，如何確保心意及財富真正傳遞到你所愛的人手上，甚至如何留一部分用作捐獻和貢獻社會，也是值得我

們更深入思考的環節。最後，撇開「計死數」，做人最重要是開心，早點規劃及早點釐清思路，即使不求將經濟效益最大化，相信也有助於建立更健康的心態進入退休階段，更安心去享受第二人生。

雖然本書所舉的案例較多是以退休人士為主，但其部署及心態相信同樣適用於準退休人士甚至是年輕人士。所謂「以終為始」，預先了解清楚當子女成年、自己進入退休，甚至是步入人生最後階段的常見財務現象，自然更有利於當下的規劃。

《富活享贈傳》能夠成功出版，除了感謝天窗出版社，也要感謝本書的聯合作者程俊昌先生（Gifford），Gifford是我認識了十多年的大學同學，我倆畢業後同樣踏入了金融業，經常一起討論各式各樣的理財問題，很高興可以一起合作推出這本新書。

最後，我希望藉此向太太和兩位寶貝女兒說聲謝謝，她們的支持是我最大動力來源！

作者序

程俊昌

將一生一次的 「享贈傳」做到最好

退休和傳承，並不是一個簡單的理財問題，而是一個複雜的人生課題。理財本身已經是跨領域的項目，當中包括金融、投資、法律、心理、稅務等等。除了需要知識，更要考慮人性。可以說，要做到80分，是科學問題；但從80分進展到100分，就是藝術問題，取決於智慧。

最大的難處在於，對一般人來說，退休和傳承都是一生人一次的經歷，既無法從經驗中學習，更不值得用真人、真錢、真時間來試錯。因此，更好的做法是如牛頓所言，站在巨人的肩膀上，借別人的智慧與經驗再應用於自身，就可以大大增加做好退休和傳承的成功率，讓自己和家人更快樂、自由。

現代社會分工仔細，成就大批高效率的專才，擅長「正確地做事」。我從事理財策劃專業，從無數案例中深深體會到「做正確的事」才對家

庭有更重要的價值。理財策劃以至退休傳承做得好，下一代也會受惠。在這本書中，我將與讀者分享如何從多角度看理財，一步一步做好「享贈傳」。

「享」，是建立現金流，讓自己在退休後敢於花錢，達到財富自由的心境，享受豐盛（Abundance）的喜悦。

「贈」，是想清楚誰是你關愛的家人，珍惜時光並表達你的心意。所謂贈人玫瑰，手有餘香，能夠在有生之時充分體驗餘香，豈不甚好？

「傳」，是定好傳承的路徑，在適當的時候，把適當的錢，交予你心目中適當的人手中，免得所託非人，或者被各種稅項攔途截劫，甚至讓後人爭執不休。

所謂上山容易落山難，在攀登珠穆朗瑪峰的登山家中，落山時的死亡人數比上山時要多。如果累積財富並不容易的話，那麼如何享用

和傳承更不容易。因此，本書會道出在亨贈傳過程中所遇到的種種風險，幫助讀者更有格局和視野，來訂立相應的短、中、長期目標，附錄亦會提供一些工具方便大家參考應用。

特別感謝 Ray 的鼓勵和努力，讓我有機會總結這十多年來有關理財的想法與經驗，透過本書和大家分享。

最後多謝一眾支持我，並伴隨我成長的家人以及良師益友們。有了你們的鼓勵，我才能在理財策劃路上走得更遠，亦更有動力與大家分享實用知識，以及從一眾事業成功的客戶們身上學懂的人生智慧。

愈理愈豐盛的「享贈傳」

坊間有關個人理財的書籍大多以「累積財富」為主題,但如何「累積」財富,講的只是手段,更重要的是如何「善用」累積到的財富,去輔助自己及家人實現各種人生目標。特別是對於已累積了一定財富的家庭來說,提早規劃財富,能為一家人帶來更豐盛美滿的生活。所以,本書提倡將「享、贈、傳」三大概念及早融入理財規劃之中。

甚麼是「享」?

顧名思義是享受你的財富。無論你是「準時退休」或希望「提早退休」,都必須先做好規劃,同時亦要有「享受財富」的心態,才會在退休後過得快樂。退休規劃的關鍵是如何善用資產轉化成現金流,但如果不懂享富,即使有豐厚的資產亦無法為你帶來快樂。阿里巴巴創辦人馬雲曾經說過,成為中國的首富並沒有讓他快樂,甚至帶來痛苦,他反而懷念一個月只賺90元人民幣的日子。你可能覺得馬雲「離地」,但一個人的快樂除了自己「夠食夠住」之外,更大程度是來自於他人或其他價值,比如善待家人、好好培育下一代,甚至是為社會貢獻等,都會帶來更深層的快樂和滿足感。

甚麼是「贈」？

當自己有足夠的退休資本，可以選擇過自己認為舒適的生活之後，有餘的財富又該如何規劃？2015年9月9日，英國女王伊利莎白二世成為了英國在位時間最長的君主，威爾斯親王查理斯也一度成為了世界歷史上「等待繼位」最久的王子，及後繼續刷新記錄至英女王離世。查爾斯王子到70幾歲仍然是王子，堪稱「前無古人，後無來者」。以上的英國王室事例，或涉國家大事，但其實對於廣大中產家庭而言，也有值得借鏡的地方。如果查理斯王了能在更年青力壯的時候繼位，他的國王生涯會否留下更多印記？同理，假設已有明確的傳承目標，是否可以考慮提早規劃，為自己及他人帶來更多意義呢？傳承不只是身後事，不必等到最後一刻才退位，「贈」指的是生前贈與，在自己仍年青或家人最有需要的時候「出手」，財富隨時可以發揮出更大的價值！

甚麼是「傳」？

中國人不喜歡和子女談「錢」，更不喜歡談「死」，結果是很多家庭的遺產規劃都一蹋糊塗。不要以為「爭產」只會發生在豪門貴族，香港的一個普通中產家庭，曾發生過這樣一樁真人真事：一對兄妹獲祖母送贈一層位於土瓜灣的舊樓單位，但他們的父親卻鳩佔鵲巢，至祖母去世十年後仍拒遷出，一家人因爭論而導致反目，大打出手，最後對簿公堂，甚為唏噓。參考瑞士銀行2023年的「全球財富報告」，今時今日香港人的財富水平位處全球第三，放諸世界位處一流地位，甚少絕對意義上的窮人，身後留給後人的財富也不會少。因此，從這個角度而言，財富已變得「不患寡」，頂多只是「患不均」。為免好心做壞事，不如把握主動權，善用各種工具實現「定向傳承」，確保自己傳承的是心意及財富，照顧到後人財務需求及心理上的滿足，而不是煩惱甚至是負債。

「享」、「贈」和「傳」的相互關係

假設有兩個聰明程度一模一樣的年青人，都是剛畢業且有創業之心，但一個要兼顧父母的退休生活而另一個不用，這就是「負磅」的分別。所以，如果為人父母者懂得為自己妥善策劃退休，就可以讓子女全心發展事業，大家安心又開心，已是「贈」和「傳」的一種表現，故不一定要送「真金白銀」才叫心意。

「享贈傳」可以是獨立，也可以是連貫的理財計劃，當中有很多該注意的細節。例如身後傳承財富予子女理應是好事，但傳承財富予一個未有足夠能力的人卻可能是壞事。一個可行的解決辦法，是在生前贈與一筆教育經費或創業資金給子女，藉此傳承良好的價值觀，並讓他們累積人生閱歷，慢慢學懂管理財富。

做好「享贈傳」，有效利用財富，在有生之年讓自己及家人過得更豐盛，絕對比盲目守富，在身後留下一億幾千萬更實際。希望本書能為讀者提供更多元化的理財視角，理出更美滿的人生！

一 序章 一

做財富真正的主人

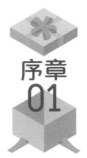

序章 01 懂得享富，錢才有意義

有這樣的一個寓言故事：話說一個農夫救了一個大地主，地主為了感謝農夫，就答應農夫「在日落前你跑過的每一寸土地都歸於你」。於是農夫開始拼命地奔跑，跑了不到2小時，農夫就已經擁有了供其一生都用不完的土地。不過，農夫卻不滿足，繼續拼命地跑，最終累死在路上。雖然這只是一個故事，但卻正正反映出時下很多人的理財盲點，都會不自覺地將各種財務目標放大，甚至連「想要」和「需要」都分不清，最終變成了金錢的奴隸而非金錢的主人。

可能你也聽說過所謂的財富管理三階段，即是「創富」、「守富」和「傳富」，意思大概是我們年輕時要拼搏創造財富，有了第一桶金之後要學懂守護財富，隨著年紀增長便要考慮如何將財富傳承給下一代。上述的財富管理三階段在原則上沒錯，卻忽略了一個很重要的元素——「享富」！大家畢生以血汗累積的財富，自己竟然從來沒有享受過！

無論你是按部就班在60歲後退休或是提早退休，如果你不主動去「享富」，在人生終局只會迎來「人在天堂，錢在人間」，錢對你還有

意義嗎？其實，你是自己財富的主人，而不是「搬運工」，你在財富的四個階段均有主導權。

創造現金流擺脫「貧窮長者」

「享富」看似簡單，但有時也是最難。以傳統的香港銀髮族為例，根據統計數據所示，原來不少退休人士都屬於「貧窮長者」。最矛盾的地方，是原來很多「貧窮長者」都是有樓一族，而他們的居所中位數價值估計為 520 萬港元。假設一個65歲的退休人士，手持價值520萬港元物業，又願意申請安老按揭的話，在2023年12月根據官方網站計算機所示，將可享每月年金約17,575港元至終身。以現時香港的收入中位數2萬港元做比較的話，這班有樓的長者真的如此貧窮，需要節衣縮食嗎？

可見「享富」也有不少學問。大家不妨回想一下，人生中甚麼時候自己花錢花得最開心又最無負擔？大多數人都是剛畢業後的數年，那時剛開始升職加人工而又未結婚生小朋友，所以這段時間的「現金流」是最充裕的。但人生中的享富時段，真的應該只有這短短的幾年嗎？其實只要提早規劃財富「享贈傳」，你就可以隨時都活得更豐盛！

很多人都想提早退休，但退休後的生活質素才是最重要！退休生活要過得開心，心態和財務健康同樣重要，而財務健康與否的重要指標是現金流多寡，定期「有糧出」自然敢消費和願意消費，否則再多的資產也只是紙上富貴！

序章 02 論生前贈與的經濟效益

希望退休生活開心，就要學習「享富」，要敢於「花錢」，那就有人會問，既然要「享富」，何不享到盡？近年西方流行一個理財觀念「破產上天堂」，在死前用盡最後一分錢。這個理念相當好，辛苦累積的財富，用盡才上天堂就保證沒有任何浪費了！

不過，「破產上天堂」在香港是非常難以執行的，核心原因有以下兩個：

● 香港的退休福利和保障不及西方國家；

● 華人傳統思想「養兒一百歲，長憂九十九」。

無可否認，華人一般都會留財富給子女，但你可有認真思考過，應該在何時將財富交到子女手上？香港是全球最長壽的地方，未來活到100歲相信是很普遍的事。如果活到100歲，要在何時把財富傳給子女？假設待離世後才將財富交給下一代，到時子女可能已經70歲。問問自己，你在70歲收到一千萬開心一點，還是在40歲時收到一千萬會開心一點？答案顯而易見。從經濟效益的角度出發，如

果你有一顆傳承財富給子女的心，早一點比晚一點更好。

01 年輕有價

金錢只是工具，為的是實現更好生活和各種人生目標。我們天馬行空一點，以環遊世界為例，你至少需要身心狀態都還不錯，「行得走得」，才能好好享受，上至高山體驗世界之巔，下至潛水體驗熱帶碧海等。馬克·吐溫曾經講過：「在人生的前半，有享樂的能力而無享樂的機會；在人生的後半，有享樂的機會而無享樂的能力。」當然，生前贈與財富給子女不是讓他們去環遊世界，但的確有很多事情，年輕才有本錢去做，比如創業。

02 多寡有價

隨著財富的累積，70歲時應該比40歲時有錢，通俗一點來說，40歲時理應比70歲時更需要錢。如果你希望送一筆財富給子女，理論上應該在他比較需要財富時送給他，經濟效益最大。正如中學的經濟學課都教過一個概念，叫做「邊際效應」，假設你早上醒來，肚子很餓，給你一個三文治你會很開心，但是連續給你三文治並要你必須吃光，估計你吃到第三個時已經沒有開心的感覺了。

03 時間有價

人人都想「錢搵錢」，然而通常年紀愈大就愈保守，投資回報較低；

年輕人有條件爭取較高投資回報，卻沒有太多投資本金。假設陳先生現年70歲，他的兒子現年40歲，陳先生手上有100萬港元閒置資金，希望未來可以送給兒子。

陳先生有兩種選擇去處理財產：

情況 01　百老歸老（90歲）時以遺產的方式交給兒子

假設陳先生的投資回報是年均4％，到陳先生90歲時，100萬港元將增值至219萬港元。

即是陳兒子將在60歲時，收到219萬港元遺產。

情況 02　馬上將100萬港元交給兒子

假設陳兒子的投資回報是年均8％，到陳先生90歲時，原本100萬港元的資金將增值至466萬港元。

從以上例子，可以很明顯見到兩個情況中的經濟效益分別！

當然，生前贈與的確是一門藝術，要平衡家庭關係及各種風險。不過，如果你的退休生活無憂，又有能力把錢留給自己的孩子，那你就不妨多做一步，計劃好何時將財產交給孩子。因為理論上，無論你留給後人多少財富，只要超過最適合他們接收的年紀，對他們的價值就會降低。另外，如果你希望透過協助家人獲取滿足感或共享喜悅，生前贈與一部分財產，絕對比只留遺產好很多，至少你可以看到和感受到！

序章 03 最需要規劃的「聯合國家庭」

遺產規劃是老生常談的理財話題之一，為何今時今日更值得重視？皆因「聯合國家庭」愈來愈多！

「聯合國家庭」指的是家庭成員由多個國家或地區的居民所組成，而不是單單指中美混血兒加中日混血之類。因為移民潮的關係，原本只由香港人組成的家庭，未來都可以變成一個「聯合國家庭」，舉例你的兒子移民英國，而你的女兒在澳洲大學畢業且落地生根，這樣一來，已經是包含三個國籍的家庭了。這種情況愈來愈普遍，相應的理財規劃乃至財富傳承，又有甚麼需要留意呢？

模擬個案 喜歡投資海外物業的退休人士

陳先生沒有任何移民打算，但他留意到近年英國物業的預期回報不俗，因而涉足投資英國樓。陳先生的兒子移民澳洲多年，已經在澳洲落地生根。隨著年紀漸長，陳先生開始考慮到身後的遺產安排，如果百年歸老後將英國的物業留給兒子，會有甚麼財稅問題值得注意呢？

應稅原則要分清

首先，陳先生必須了解不同資產類別有不同的應稅原則。物業為「屬地法則」，根據物業所在地的稅法的；而金融資產，股票、基金和保險等，是「屬人法則」，根據持有者的國籍及稅務居民身份來收稅。

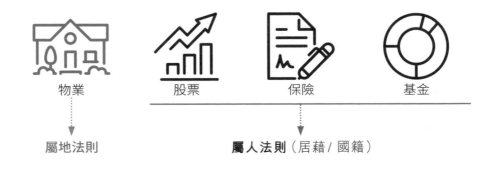

所以，即使陳先生在居籍上屬於香港人而不是英國人，但其英國物業於兒子繼承時，需要繳納英國的遺產稅，未計算免稅額之下，稅率可高達40％。另外，值得注意的是，陳先生的兒子是澳洲人，需要向澳洲稅局納稅，假設兒子繼承了陳先生的英國物業後將之沽出，就需要繳納澳洲當地的資產增值稅。澳洲資產增值稅的計算方法，是將賣出價減去該英國物業的買入成本再乘以澳洲的稅率，即使可能有相關的減免，但仍然可能需要就增值部份繳高達45％的稅款。換言之，如果該英國物業的增值幅度可觀，前前後後需要繳納的稅款，可能佔物業價值60％甚或以上。

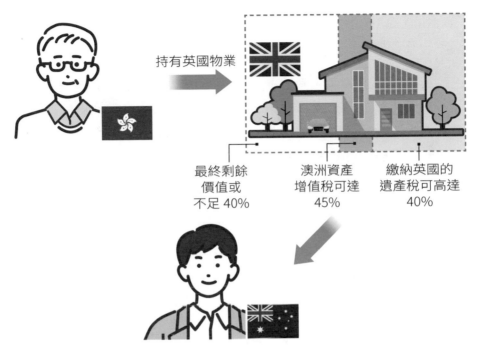

持有英國物業

最終剩餘
價值或
不足40%

澳洲資產
增值稅可達
45%

繳納英國的
遺產稅可高達
40%

小心多重徵稅

以上的模擬個案簡化了計算稅款部分，旨在勾起資產遍佈世界各地的朋友關注，因為不同國家或地區的稅務制度是很不一樣的，同一筆資產的稅款隨時會收完又收！即使有些國家簽訂了所謂的雙邊稅務協定（Double Tax Treaty），亦未必能覆蓋所有的情況，上述澳洲和英國的例子便是其一。雖然英國及澳洲有簽署雙邊稅務協議，但按各自的稅法，針對財產繼承的稅種分別為遺產稅及資產增值稅，協定內並無任何的條款適用。事實上，根據澳洲稅局（ATO）在2005年的釋義文件interpretative decision（詳情參考Australian

Taxation Office ID 2005／40號文件），英國的遺產稅並不能抵扣澳洲的資產增值稅。

上述英國與澳洲的例子其實並不罕見，環球世界各地的稅法更為複雜，如果家庭成員的國籍超過一個的話，規劃的複雜程度隨時以幾何級上升！大家記得要提早規劃，並適時諮詢相關的專業人士，否則你的財富隨時會易手，由稅局變成最後的主人！

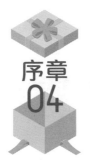

序章 04 錯誤規劃隨時犯法

剛才一直跟大家講提早部署「享贈傳」的好處，本章節從另一個角度，講講及早規劃財富傳承的必要性。因為你的財產終有一天會變成遺產，而無論你願意與否，你的財富都將在身後被交出去。如果你不計劃，最終的財富分配只能根據法律去處理，這是不是你的個人意願呢？

圖表：香港相關法例下無遺囑者的遺產分配

在世相關人士	遺產分配

只有配偶　　　　　　　　　　　遺產由配偶全數繼承

配偶及子女

配偶繼承 **50 萬港元**以及遺產餘額的一半／由子女平均分配其餘一半餘額

在世相關人士	遺產分配

配偶及父母／兄弟姊妹

離世

 配偶繼承 **100 萬港元**以及遺產餘額的一半

由父母平均分配其餘一半餘額

 若父母均不在世，則由兄弟姊妹平均分配餘額

只有子女

離世

遺產由子女全數繼承，平均分配

只有父母

離世

遺產由父母全數繼承，平均分配

所以，聰明人都知道要提早規劃，但有些人卻想出一些「DIY」的規劃辦法，當中可能暗藏風險！根據筆者的觀察，很多人對遺產處理存有不少誤解，以下是兩個改編自真人真事的模擬個案。

模擬個案01 聯名戶口或無法實現「自動繼承」

陳爸爸是一名退休人士，育有兩個兒子，其中長子更孝順和有責任感。為了讓自己在百年以後把全部資產傳承給自己的長子，他決定與長子開立一個聯名戶口，希望能夠避開遺產處理程序。在此之前，他曾做過資料搜集，了解到必須留意戶口的簽名安排。於是，他開設了單簽，即其中一方簽署便可動用聯名戶口中的存款。不過，當陳先生離世後，長子嘗試在銀行戶口提款，銀行卻告知帳戶已被凍結，依然需要經過遺產處理程序才能夠繼承資產，大失預算之餘，更因為沒有遺囑，未能實現陳爸爸的生前願望。

 ## 理財建議 聯名戶口種類要分清

其實，聯名戶口有「聯權共有」及「分權共有」兩種。聯權共有俗稱「長命契」，在其中一方離世後，另一方的確可以繼承尚餘的財富。但是，分權共有卻非如此，因為在這個例子中，它的意義是戶口存款各佔一半而已，在其中一方離世後，另一方沒有優先權去取得財富。

陳爸爸的「自動傳承」計劃失敗，是因為他選擇的銀行，在法律上是

以分權共有的形式開設聯名戶口。當你開設銀行戶口時，會留意這些條款嗎？如果沒有，請聯絡銀行了解清楚。

模擬個案02 準備支票交予家人照顧子女屬犯刑事罪

黃爸爸是事業成功的企業家，育有尚在就讀小學的一子一女。世事無常，他不幸遇上重病需做手術，且手術風險不低，因此他提早準備，希望萬一手術不利，家人亦能夠照顧兒女。他心想公司的股權問題不容易處理，但至少需處理家人生活費及學費等等的事情。幸運的是，他有一位能幹且負責任的妹妹，是公司的「二把手」，而且對黃爸爸的子女們愛護有加，大家相處融洽。因此，他在醫院預先寫好了總數約900萬港元的九張支票，把款項轉到往來帳戶，並囑咐妹妹萬一手術失敗，便把支票兌現，先解決生活燃眉之急，再一步步處理公司的股權和業務的問題。

最終，黃爸爸不幸離世，妹妹聽從他生前的指示，分期兌現支票解決了年幼家人的生活，逐步處理公司的業務問題。不過，突然有一天，警察拘捕了妹妹！原因是她涉嫌干犯了擅自處理遺產的刑事罪行。

 ### 理財建議 慎防「擅自處理遺產」

甚麼是擅自處理遺產？在香港法例下，任何人在處理死者遺產

前，均必須到高等法院的遺產承辦處，取得可以處理遺產的許可文件。假如有遺囑，遺囑執行人可申請取得「授予遺囑認證書」（Probate），假如沒有遺囑，則遺產管理人可申請取得「授予遺產管理書」（Letter of Administration）。

在沒有遺囑的情況下，申請授予遺產管理書的先後次序為配偶、子女、父母，然後才到兄弟姐妹。沒有經過以上的程序處理遺產，例如以支票形式兌現，或登入死者網上銀行戶口轉帳等等，均屬違法。

從以上兩個模擬個案可見，處理遺產不宜貪方便，更需要的是專業意見及更合適工具。

相信讀完序章，大家都已明白「享贈傳」的重要性與提早規劃帶來的好處。下一章開始，就讓我們逐一深入「享、贈、傳」，發揮財富的最大價值！

— 第1章 —

享富的「哲學」

1.1 「享富」前的準備

看完序章，相信大家都已明白提早規劃「享贈傳」的重要性，現在我們就從「享」開始，做好「享富」準備。

有人可能會問，享富哪裡還需要甚麼準備？賺錢很難，但花錢享受，誰不會！但在今日的社會，「享富」的確是一門哲學！養育一個小朋友要多少錢？ 400萬？計及通脹，也許要600萬！但當儲夠600萬，你是否就願意隨心花錢在自己身上？不！先儲多點錢退休吧！那退休要多少錢？當然是愈多愈好！ 800萬不夠？ 1,000萬更好吧！而當你儲夠1,000萬，你又會找到新的理由，説服自己繼續節衣縮食……

以滿足退休生活為前提並沒有錯，但「當我儲夠XXXX萬元，我就夠錢退休，才有本錢享富」這個觀念卻完全錯誤！要準備享富，你就要拋棄這既有想法，接受一個全新概念——「收入替代比率」。

收入與生活質素並非正比

你認為以下哪一位退休人士的財務狀態最理想，最能滿足其退休生活呢？

退休人士 A	退休人士 B	退休人士 C
退休前每月收入 80,000 港元	退休前每月收入 150,000 港元	退休前每月收入 60,000 港元
退休後每月收入 24,000 港元	退休後每月收入 42,000 港元	退休後每月收入 24,000 港元

每個人的答案未必一樣，但很多人的第一反應，都會覺得B最理想，因為退休後的收入最多。不過從理財角度而言，考慮的並不單單是資產或收入的多寡，也不是純粹比併收入的高低，而是採用一個更客觀的評分標準，就是「收入替代比率」。

圖表 1.1　三名退休人士的收入替代比率

	退休人士 A	退休人士 B	退休人士 C
退休前每月收入（港元）	80,000	150,000	60,000
退休後每月收入（港元）	24,000	42,000	24,000
收入替代比率	30%	28%	40%

收入替代比率＝退休後每月收入／退休前每月收入 ×100％

以退休人士 B 為例，他的退休前每月收入是 150,000 港元，而退休後的收入是 42,000 港元，故收入替代比率為 150,000 ／ 42,000× 100％＝28％。

收入替代比率比較退休前後的收入，變相反映了退休前後生活質素的潛在差距。上述例子中，B 的退休後收入是最高的，但收入替代比率卻最低，表示他退休後可能較難維持和退休前相若的生活水平。當然，收入替代比率亦只是一個初步參考，比例要達到多少，才足以支持退休生活過得稱心如意，沒有一定的標準。舉例來說，B 移民去東南亞退休，開支水平大幅縮減，替代率 28％ 已能滿足退休生活也説不定。

現金流是享富關鍵

以上例子以及收入替代比率的概念，都帶出了一個關鍵——「退休前有幾多錢」不是最重要，更重要的是「退休後，資產製造現金流的能力」！審視自己退休後的開支結構，只要有足夠甚至有餘的現金流應付退休後開支，自然能在物質以至心態上都過得安心又滿足。

舉一個極端的例子，你儲夠價值1,000萬元的黃金，一條條閃閃發光的黃金就放在家，以為可以安心退休，但結果如何？黃金是沒有利息的，為應付退休開支，你需要定期拿金條去賣，每次都會糾結黃金價格的高低，當看見家中金條減少，就鬱鬱寡歡，這樣的退休生活真的開心嗎？

從這刻開始，請你成為自己的退休理財專家，多關心現金流而不是盲目追求資產總值，真正做好享富準備！

1.2 一學就識的退休規劃法

「假設你身在美國，現在打算去芝加哥中心區的某個地方，地圖本應該幫你到達目的地，但是由於印刷問題，你得到了一張標注為芝加哥，實際上卻是底特律的地圖，你能想像到無法抵達目的地那種沮喪和無助嗎？」
　　　　　　　　　　　　　　　　——《高效能人士的7個習慣》

以上的小故事，和儲黃金退休的例子原理相同，很多人只問資產總值，卻不懂如何善用資產轉化成現金流，就彷彿拿了錯誤的地圖，結果自然是事倍功半，離豐盛的退休生活愈來愈遠！

現金流的足跡，就是主宰退休生活質素的關鍵；想享富，就要擁有足夠的被動收入支付退休開支。

如果初次接觸理財策劃，應該從何入手？筆者提倡一套「以終為始」的簡易方法，先弄明白有哪些地方需要花錢，將開支分門別類，再逐點擊破即可，任何人都能輕鬆做到。

一張清單，四大開支

退休有甚麼開支？從下四個字可以總結出九成，分別是「住」、「食」、「醫」、「玩」。

- 「住」指的是居住成本，對於廣大中產家庭來說，有自住物業已經解決了「住」的問題，惟需要視乎居所狀況，預留裝修或維修等開支。

- 「食」是退休生活的必要開支，你可以不要靚衫，也可以不去旅行，但不能不吃飯，所以「食」是不能忽略的重要開支。

- 「醫」指的是一系列突如其來的醫療開支，年紀愈大，出入醫院的概率肯定有所增加，宜提早預備作不時之需。

- 「玩」指的是一系列非必要的開支，屬於可選消費，比如旅行、靚衫和手錶等等。

四大開支概念清晰，具體又應該如何規劃呢？大家可以參考以下清單，當中的問題與指標可以助你衡量自己的退休準備狀況：

圖表 1.2　四大開支準備清單

	核心問題	簡易指標	備註
住	你有可以終身居住的住所嗎？	持有已供滿的物業	已供滿的物業除了滿足「住」，亦可靠過安老按揭支援「食」。
食	你每月的必要開支是？你每月的被動收入是？	收入 > 開支	可考慮以年金準備「食」的開支，不受經濟週期影響。
醫	你現時的健康狀態如何？家族有沒有特別的病歷史嗎？	持有已「供滿」的醫療及危疾保險	保險宜及早準備，且預備好保費會隨年齡上升。
玩	你期望每年的娛樂開支是多少？	持有相對應的股債組合嗎？	投資組合可保持進取，但心態要輕鬆，回報高一年去 12 次旅行，回報不夠高就只去 1 次，無傷大雅。另外，這筆儲備亦可在日後踏入靜養階段，作為後備資源解決長期照料引伸的新開支，或者支援「醫」的突發需要。

享富以後再贈傳

能用於「住」、「食」、「醫」和「玩」的資金愈充裕，退休生活自然更安心又開心，真正能夠享富。餘下的財產，可以通過「贈傳」去發揮更大價值，幫助家人達成人生目標，也為自己帶來更多滿足與快樂。

當「住」、「食」和「醫」和「玩」都已經滿足，有餘的資產便可以考慮傳承的問題，而「傳」又可以分為生前贈與及遺產繼承。這部分會在第二章才詳述，大家可以先根據以下清單作簡單檢視。

圖表 1.3 財富傳承準備清單

	核心問題	簡易指標	備註
傳	誰是你希望照顧的家人？	有沒有詳細遺產清單？	如只有自己一人，是否要照顧寵物，或考慮贈與親戚或慈善機構？
		如傳承對象多於一人，有沒有信心公平分配？	應視乎需要盡早訂立遺囑。
		有沒有遺囑？	「傳」不只是身後事，條件許可下應同時考慮生前贈與。在移民潮下，如子孫有意或已移民，處理財產前應進一步考慮諮詢稅務意見。

根據筆者的觀察及經驗，無論是中產家庭、高淨值家庭或超高淨值家庭，以上的策劃思路均適用，比刻板的財務計算機更「貼地」。

接下來，我們就看看如何針對每項開支，作出完善的「享富」規劃。

> **如果想更全面地檢視自己的退休開支，可以參考附錄（二）的退休「四大開支」準備進度檢測，更有效地規劃「享富」。**

1.3 不懂「變薪」窮到燶

既然退休有「住」、「食」、「醫」和「玩」四大開支，那我們就用不同的工具逐一對應，先由「住」開始。如果大家有看過本書作者之一李澄幸合著的《港樓變薪術》，就會知道即使只持有一層自住樓，也有很多方法可以「變」出長糧現金流，助你拿回正確地圖，從底特律回到芝加哥。

筆者從事理財行業超過16年，親身接觸過不少退休人士。現年60以上的退休人士在年輕時普遍習慣了刻苦，因此退休後不懂「享富」是常態，加上愈來愈長壽的趨勢，產生了「命長過錢」的擔憂。一個人愈覺得自己不夠錢，下意識就愈想勒緊褲頭，結果是退休生活過得一點都不開心。正如筆者一直強調，退休夠錢用與否，真的不能靠金額

多少來判斷！同樣的資產金額，可以發揮不一樣的價值。試想想，如果總資產不變，但能每月產生額外的現金流，即是每月都有更多「零用錢」可以花，自己的心態是否會快樂，退休生活是否更滿足？

模擬個案 百萬富翁「變薪」術

家庭資產

自住物業
520 萬港

流動現金
80 萬港元

| 每月收入：沒有（已退休） |
| 每月支出：2 萬港元 |

陳先生（65 歲）及陳太太（65 歲）

陳先生和陳太太有三名子女，子女均已在外國大學畢業。他們很愛錫子女，錢都花在了子女身上，卻忘記了好好為自己的退休儲蓄。這刻，他們心裡有三個方案：

方案 01 積極投資

自住物業解決了居住問題，但不能帶來租金收入，更要支付管理費等一系列費用，是一條妥妥當當的負現金流，故真正能用於投資的只有 80 萬港元流動現金。假設希望用 80 萬港元創造每月 2 萬港元收益，以支持退休生活，要求的投資回報為每年 30％，是一個不太現實的數字。

02 消極躺平

如果甚麼都不做,每年支出共24萬港元,流動現金只要3年左右就會「真清零」。

方案

03 賣樓再投資

賣樓套現後再投資,本金增大了,但要租樓住,而租金大概率會跟隨通脹上升,所以每月的支出將遠超現時的2萬港元。撇除投資組合的管理難度,是否能接受由業主變租客的心理影響,亦是另一個問題。

理財
建議 **安老安揭 + 年金 + 長者生活津貼**

以上三個方案,都有明顯的缺點以致不太可行,但其實只要將資產更聰明地「變薪」,陳先生和陳太太是夠錢舒適退休的!

由於自住物業佔「身家」達八成,必須謹慎考慮如何善用。對比賣樓,安老按揭是更為穩妥的套現選擇,因為安老按揭不用等合適的買家,申請後最快一至兩個月便可以批出貸款,而申請人亦可以繼續在物業內居住至終老。根據安老按揭官方計算機,陳先生和陳太太如將物申請安老按揭,將可獲取每月年金12,584港元至終老。

另一邊廂,他們可以考慮分配50萬港元的流動現金去認購香港年金,獲取年金每月2,650港元至終老。安老按揭加上年金,成功帶來現金流合共15,234港元,但距離每月支出2萬港元仍然有一點距

離，除了「慳住使」，還有沒有其他辦法？

方法是有的！他們可以申請長者生活津貼，由於長者生活津貼的資產審查不計算自住物業的價值，也不計算保險（年金）計劃的現金價值，所以陳先生和陳太太完全符合申請資格，每月可以再出多一份糧，二人共8,120港元。這樣一來，二人每月的收入現金流已經超出目標的2萬港元有餘了！

圖表1.4　陳先生和陳太太每月現金流

資產	價值（港元）	用途	每月現金流（港元）	備註
自住物業	520 萬	申請安老按揭	12,584	安老按揭的年金屬於貸款而不是入息，不影響長者生活津貼的申請
流動現金	50 萬	申請香港年金	2,650	
流動現金	30 萬	銀行存款	0	假設沒有銀行利息
公共福利	N.A	長者生活津貼	8,120 (4,060×2)	
	600 萬		23,354	

*以上數據截至 2024 年 1 月

以上的例子在香港十分常見，原本有樓的「百萬富翁」因為不懂得善用資產「享富」，令退休生活變得緊絀，甚至變成「貧窮長者」！但其實只要正確規劃，便可以變出終身現金流，安享豐盛退休。

1.4　優質退休在灣區

退休的關鍵在於要有足夠的被動收入去應付支出,所以降低支出也是思路之一。但大多數使用的方法,都是節衣縮食以降低支出,違反了「享富」原意。所以筆者建議一個更好的方法,就是不妨考慮到一些生活成本較低的地方「異地退休」,錢自然變得「更好使」,可以用更低成本享受更好的生活水平。改變理財觀念,改變生活觀念,你可能會發現自己有更多選擇的自由!

近年年青人流行到大灣區發展,其實退休人士亦可以到大灣區生活,一樣機會處處。

安老按揭以外的「享富」方案

假設上一章節個案中的陳先生及陳太太（65歲）想將物業留給子女，因此不想申請安老按揭。那麼，還有甚麼「享富」選擇呢？

家庭資產：自住物業（520萬港元）、流動現金（80萬港元）

💡理財建議 港樓出租 + 灣區退休

所謂的「大灣區」其實包括廣州、深圳、珠海、佛山、東莞、中山、江門、惠州、肇慶等九個城市，以及香港與澳門兩個特別行政區。大灣區是一個整體概念，有自己的生活網，數地只是相隔2小時車程，然而生活成本大不同。

以廣州的番禺為例，靠近高鐵的廣州南站，交通算方便，租住一個3房2廳的1,000呎物業，每月租金約5,000港元。根據環球生活網站Numbeo的數據所示，夫婦兩人在大灣區的九市生活，撇除租金後每月開支為約8,000港元，故兩人每月總開支只需約14,000港元左右。

根據差估署公布的資料所示，本地中小型住宅的租務回務約3%，假設520萬港元的物業可以產生每月約13,000港元的租金，只要再將手上的80萬港元存款用於購買年金或收息產品，就足夠在內地生活有餘了，額外的現金流也能應付香港物業的管理費和維修費等雜費。

圖表 1.5 大灣區各城市租金參考

城市		每月租金 (人民幣)	面積 (平方米)	備註
廣州	番禺祈福繽紛滙	4,800	95	距離 22 號線市廣路站 601 米
	天河富力天朗明居	4,800	78	距離四號線斜坡站 439 米
深圳	橫崗榮德國際	4,700	90	距離 3 號線橫崗站 295 米
	羅湖名仕閣	5,500	51	距離 9 號線紅嶺南站 79 米
中山	南朗鎮保利天匯左岸	2,000	90	
	西區棕櫚彩虹	2,700	106	
東莞	南城萬象府	4,500	100	
	東城泰禾新天地	2,500	73	距離二號線東城站 841 米
珠海	香洲華發新城六期	4,300	89	
	高新區萬科翡翠中央	2,800	97	近珠海北站
江門	新會碧桂園	2,600	137	
	蓬江區華茵桂語	2,799	98	
惠州	惠東十里銀灘迎海	1,300	79	
	惠陽碧桂園山河城別墅	3,400	172	
佛山	順德招商曦岸	3,000	110	
	南海保利星座	2,900	100	
肇慶	端州城東新區幸福湖畔	1,900	75	
	端州肇慶敏捷城	2,800	120	

* 以上數據截至 2023 年 10 月

「投資」大灣區 思路大不同

有些人會問，如果自己未屆退休之齡，例如現年40歲，打算投資大灣區物業供未來後退休之用，又有甚麼值得注意？

首先，異地退休的精神在於在低生活成本的地方享受退休生活，如果提早20年至30年買入大灣區物業，已經不屬於「令錢更好使」的「享富」行列，更接近投資行為，需要注意的事項也有所不同。其實，於20至30年後，哪個城市的的生活成本最便宜，現時是難以預測的。即使某地的生活成本可持續20年不變，卻變相代表該地的資產價格較難上升，而投資資產價格升值預期低的物業，是否值得實屬「見仁見智」。

圖表 1.6 大灣區各城市樓價參考

地區	樓宇價格（港元／每呎）
香港	14,862
澳門	8,634

地區	樓宇價格（人民幣／每平方米）
深圳	71,016
東莞	28,781
惠州	12,684
廣州	35,404
珠海	29,734
江門	9,751
中山	14,827
佛山	17,246
肇慶	5,630

* 以上數據截至 2023 年 10 月

另一考慮要點，是基於「一孩政策」下，內地正以高速進入老齡化社會，爺爺嫲嫲、公公婆婆、爸爸媽媽都可能有各自的物業傳承給子女，令未來內地物業整體較大機會趨向供過於求。

這是否代表中國內地物業完全沒有投資價值？不是，只是挑選要更考眼光，對於能夠持續吸引人口流入的大城市，相信仍然升值可期，但是這些城市否一個適合退休的地方，如前文所說又是另一個課題。參考同樣老齡化嚴重的日本，很多位處郊區的房子售價相當便宜，但樓價多年不升，甚至長年空置，泛人問津，原因或多或少也和人口結構有關係。

所以，既然從投資角度考慮，便不應只被位置偏遠的低成本物業吸引，購買價格稍高的優質物業，未退休前可先出售或出租，臨近退休時再計劃最終的退休居住地可能更為合理。

1.5 有錢人都會買年金

在剛才講到「住」和「食」的個案中，出現過兩種重要的理財工具，分別是安老按揭和年金。筆者在此特別強調，以上兩者都是非常好的工具去對應「住」和「食」，皆因「住」和「食」都是必要開支，必須盡可能不受經濟週期波動的影響，而可以終身領取的安老按揭和年金正好合適。

香港年金和安老按揭都是政府旗下的「退休三寶」（即香港年金、安老按揭及保單逆按），很多人就有錯覺，認為「退休三寶」是政府針對中產或中下階層推出的社福政策，而「有錢人」資產豐厚，所以沒有購買或申請年金的必要。但其實翻查香港按揭證券有限公司所公佈的數據，以安老按揭為例，申請安老按揭的物業的最高估值為6,500萬港元！可見「退休三寶」絕非中產專利，連「有錢人」也會考慮。

另一個常見的理財誤區，就是很多人認為不懂投資的人才會申請「退休三寶」，有投資經驗就應該以股票支援「住」和「食」。但由於經濟週期及市場的不確定性，筆者認為股債投資組合更適宜用以支

援非必要的「玩」（在章節1.8會詳述）。大家看看以下個案，便會明白當中原理。

模擬個案 千萬富翁「唔夠使」

陳先生（55歲）期望提早退休，他有自住物業，另手持800萬港元現金，在定義上已經符合高淨值人士的標準（流動資產達100萬美元以上），屬「有錢人」行列。陳先生聽說過「4％規則」（即每年從退休帳戶的投資組合中領取4％作為生活費），他決定將800萬港元現金全數投資，並於退休的首年提取32萬港元作生活費用，及後按通貨膨脹每年調整提取金額。這樣的退休計劃是否可行？

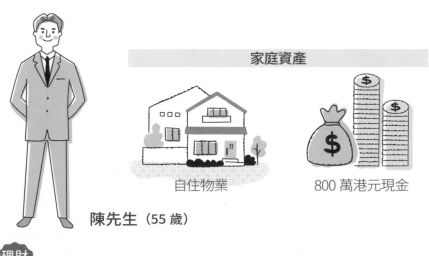

家庭資產

自住物業　　　　800萬港元現金

陳先生（55歲）

理財建議 再有錢也不及細水長流

「4％規則」屬於經驗法則，坊間對其應用及解讀有多種版本。但單

看歷史數據回測，「4％規則」的成功率絕非100％。而投資成功與否，當然很考眼光，但即使在對的時機買入對的產品，也不代表資金能「使過世」。舉一個極端情況，假設有時光機將陳先生帶回1973年，因為他是「未來人」，已經知道未來的幾十年間，全世界表現最好的市場就是美國股市，每年會帶來複息回報約10％，於是他便將800萬港元現金全數投資美股。

在1973年投資800萬港元於美股市場，到2022年底將增值至約10億港元。但如於首年（1973年）起每年提取32萬港元作生活費用，及後每年按通貨膨脹調整提取額，這個組合夠陳先生「用過世」嗎？答案是不一定！根據歷史數據回測，這個投資組合會於2016清零，假設長命百歲甚至是長命百二歲成為常態，隨時「命長過錢」！

這就是「回報序列風險」，簡言之就是股票市場是持續波動的，儘管平均回報為10.5％，但回報每年都有高有低；但無論股市好壞，退休卻每月都需要「住」和「食」！萬一大市轉差而你需要用錢，就要變相低位沽貨套現，令本金縮減，未來複息回報再高也未必足夠追回損失。

一個更為明智的做法，是陳先生應該將現金分為兩部分，將部份金額用於認購年金，餘下的金額才投資股市；或將物業申請安老按揭，先確保了「住」和「食」的必要現金流，然後待股市大好時，才提取部份回報去旅行玩樂，立於不敗之地。

由此可見，安老按揭和年金絕非窮人或者不懂投資的人才適用，反而是助你安心「住」、安心「食」的絕佳工具！

1.6 醫保早「供滿」早安心

講完「住」和「食」，就要講講「醫」。由於香港人口持續老化，公立醫院服務嚴重供不應求。當有病求醫甚至要動手術時，公立醫院會依據患者病情之迫切性作預約安排。根據醫管局數字，一些長者常見的手術如白內障及全膝關節置換等，平均最長輪候時間分別可達20個月和4.5年。有病延醫，生活水平自然大受影響，退休生活就談不上開心。

再者，不幸患上嚴重疾病，例如癌症時，不少具顯著療效的藥物並不在醫管局的藥物名冊之中，患者需自費購買。因此，購買私人保險照顧醫療開支，實在為每個香港家庭所必需。為減輕公營醫療壓力，政府亦以公私營協作計劃等作推廣，鼓勵市民購買醫保，又提供自願醫保扣稅優惠，使大家購買醫保時可以得到額外好處。

但要留意，並不是只要「有買保險」，擁有了醫療及危疾保障，就代表能安心退休！皆因醫療通脹會令保費持續上升，如果欠缺前瞻性規劃，可能會導致老來負擔不起保費，甚至斷保。

「供滿」醫療保險才能放心

以市場上其中一份醫療開支「全數受保」的自願醫保為例，按照 2024年1月的保費表，35歲時每年保費約15,000港元，65歲時每年保費達到62,000港元，76歲時則已達6位數字港元，尚未計算醫療通脹。因此，安心退休的真正標準應該是在退休前，起碼擁有已「供滿」的醫療保險。當然，醫療保險從基本保障到高端環球保障的選擇琳瑯滿目，讀者可因應自身對醫療品質的要求選擇，豐儉由人。

現時市場上一般「供滿」醫療保險的方案，是用一份儲蓄保單配搭醫療保險，在退休後利用儲蓄保單的回報來支付醫療保險的保費。由於儲蓄保單的長遠回報甚為可觀，大概率能夠覆蓋長期的醫療保費開支。若然醫療保費的加幅超出預期怎麼辦？稍後在章節1.8教大

家的投資組合就可以大派用場，以用於「玩」的額外資金支援「醫」。

搭配危疾保險彌補不足

此外，危疾保險亦同樣重要。因為醫療保障有它的盲點：醫療保險是以實報實銷形式，賠償住院及手術等醫療開支，但疾病的很多連帶開支，卻是在出院後才發生的！例如，萬一患上中風，治療及手術的醫療開支當然可以依靠醫保，但後續的康復護理及長期照顧，可能需要額外聘用家傭甚至私人看護，還有家居改裝，甚至因家人

照料而造成的收入損失等等，則無法靠醫療保險覆蓋。在這種情況下，危疾保險帶來的現金賠償，就可以讓病人自由選擇如何運用。而且現時主流的危疾保險，都已經能夠保證供滿並保障終身。所以大家不妨及早安排並「供滿」醫療和危疾保險，打好「享富」基礎。

享 富 　TIPS

有時候由於資源所限，所選用醫保的檔次未必能照顧到嚴重疾病的醫療開支（例如癌症），可以到私家醫院做即時檢查，然後到公立醫院治療。如此一來，就可以從公私營醫療各取所長，得到又快又好的治療。

1.7 不要盲目為了長生津亂買保險

但講到買保險，保險絕對不是買得愈多愈好。在章節 1.3 中陳先生和陳太太的案例中，筆者曾經帶出一個重點，就是長者生活津貼的資產審查不計算保險（年金）計劃的現金價值，因此妥善調配資產配置，就可以有效獲取長者生活津貼來增加退休收入。事實上，筆者早於 2019 年已提倡將公共福利政策納入退休策劃，也曾有不少的專欄文章提及相關的應用，屬較早提出相關主張的一批從業員。

但近年，不少人的主張卻本末倒置，網上出現不少「教學」，開宗名義教人「隱藏資產」，所以筆者必須在此提醒，千萬不要為了申請長者生活津貼而盲目買保險！

模擬個案 DIY「隱藏資產」大法危多於機

家庭資產

自住物業
1,000 萬港元

收租物業
800 萬港元

現金約 500 萬港元

李先生(60 歲)**及李太太**(60 歲)

他們聽了某理財顧問的建議，認為每月多拿8,000元長者生活津貼「好著數」，決定將收租物業轉名給兒子，再跟兒子私下約定，定期將租金以現金形式「返還」給自己，另外還以450萬港元投保了一份人壽保險。這個資產組合既有隱藏租金收入，又有保險紅利，更有政府的長者生活津貼，是否足以退休無憂？

潛在風險 01 不合理的代持關係

既然子女的供養不算是「收入」，不如將資產交由子女代持，再由子女每月分期「還」給自己，做法是否合理？就讓我們先分析一下長者

生活津貼的原意，了解清楚「遊戲規則」。

根據長者生活津貼官網，有關長者生活津貼的資產限額規定如下：

「入息」包括工資、手工業或生意上的入息等（包括薪金、工資、每月收到的佣金或獎金，以及從自僱所得的每月入息）、退休金／長俸、從收租所得的淨收益，以及從年金計劃所得的固定年金（3）。家庭成員或親友的金錢援助，以及在安老按揭計劃（只適用於以自住物業作抵押的安老按揭計劃）及保單逆按計劃下每月所獲得的款項則不包括在內，但款項中未動用而累積為儲蓄／現金的部分，會被視作「資產」計算。

「資產」（4）包括土地和非自住物業（5）、現金、銀行儲蓄、股票及股份的投資（包括債券、基金、獨資、合夥經營的公司／商號或有限公司的權益及累算退休權益（6））、商業／作投資用途的車輛（例

如的士及公共小巴）及其營業牌照，以及金條及金幣等。自住物業（5）、將來自用的骨灰龕及保險計劃的現金價值則不包括在內。

從上述規定，可以綜合出四大重點，筆者估計政策原意是希望退休人士除了靠自己退休之後，還可以得到子女的支援，同時善用公營或私營的理財產品，而政府會適度為有財務需要的退休人士提供支援。

圖表 1.7 長者生活津貼政策解讀

資產限額規定	估計用意
安老按揭的年金不計算為入息	鼓勵退休人士活用手上的資產
家庭成員或親友的金錢援助不計算為入息	避免因財務狀況而破壞家庭關係
保險計劃的現金價值不計算為資產	鼓勵退休人士善用保險及年金等理財工具
年金計劃所得的年金計算為入息	變相為限制購買年金的額度,也避免「十分富有」的退休人士申請長者生活津貼。

所以,由子女不合理地代持資產,已經有違誠信精神,不值得鼓勵。但更重要的是,請不要隨便考驗人性!無規劃下將近千萬港元財產交到兒子手上,兒子孝順是一回事,兒子身邊會不會有壞人又是另一回事,隨時因貪小便宜而招致重大損失。筆者不鼓勵非真誠的餽贈,關於「贈」予子女的部署,將在第二章詳談。

潛在風險 02 未來政策的改變

根據長者生活津貼的現行政策,保險的現金價值的確不計算在資產審查當中,因此有人會鼓勵退休人士動用幾百萬港元投保,用以「壓縮」資產總值,令夫妻二人每月輕鬆多 8,000 港元長津收入。但要留意,以上只是「現行政策」,假使愈來愈多本來沒有逼切需要的人通過「買保險」去申請長者生活津貼,甚至有意圖地將大額資金

「隱藏」，難保政府會因而修改「遊戲規則」。

 視乎需要認購年金

圖表 1.8　長者生活津貼資產限額

		單身人士	夫婦
長者 生活津貼	每月總入息 (港元) (由 2023 年 2 月 1 日起生效)	10,580	16,080
	資產總值 (港元) (由 2023 年 2 月 1 口起生效)	388,000	589,000

* 以上數據截至 2024 年 1 月

與其盲目購買大額人壽保險「隱藏資產」，不如合法、合理地按需要認購年金！根據目前的入息限額，夫婦二人的合共入息不可超過16,080 港元。套入真實數字，假如李先生現在購買公共年金，而認購的金額不超過315 萬港元，每月將可享年金 16,065 港元至終身，低於長津入息限額。只要他手持的其他資產不超過 589,000 港元，到 65 歲時理應符合申請長者生活津貼，夫婦每月多拿 8,120 港元。

換言之，長者生活津貼比較適合有自住物業，但其他資產總值低於400 萬港元的退休人士申請。退休士人可以根據自身的資產總值對號入座，購買相應金額的年金自製「住、食現金流」，至於應該挑選香港年金或市場上的私營年金，則可進一步視乎自身的理財需要。

但如果要申請長生津，李先生和李太太的出租物業應如何處置？其

中一個做法是參考本書第二章，提早規劃合理「贈」予子女，又或者可以跳出網上KOL的思路，根本不必為了申請長者生活津貼而「勉強」調配資產！因為對於有超過400萬港元流動資產的人士來說，退休方案可以更多元化，甚至可以同時兼顧現金流、抗通脹和財富傳承。

「享富」的真正意義

「享富」的真正意義，在於開心享受退休生活，而不是執著於「拎唔到政府錢好唔抵」，如果自己的生活過得豐盛，將某些政府資源留給更有需要的人又有何妨？不要盲目追求「著數」，適合自己和心態舒適才最重要！

1.8 「玩」的格言

本書主張以年金作為應對「住」和「食」等必須支出的核心工具，確保三餐溫飽，再配以醫療及危疾保險以解決「醫」的需要後，有餘的資金就可以構建「玩」的基金了！雖說「玩」是額外項目，但既然要「享富」，當然希望享得盡興。如果過去幾年投資回報好，每年都去足日本旅行4次，未來幾年卻投資表現欠佳，只能留在香港去長洲或大嶼山，你的心情會暢快嗎？

所以，「玩」縱使非必要支出，但一個能支援「玩」的優質投資組合，應該要滿足以下三個條件：

回報相對穩定

能對抗通貨膨脹

可靈活提取

從歷史數據找出最佳對策

2023年9月，香港經歷了一場「500年一遇」的暴雨，堪稱世紀豪雨並創下多個記錄，多區嚴重水浸，黃大仙是重災區之一，更被戲稱拜神都沒用，就連「黃大仙都保唔住」。但關於「500年一遇」的說法，坊間有不少質疑聲音，我們真的有500年的雨量記錄嗎？其實「500年一遇」是統計學上的概念，指的是「機會率」或所謂的「重現期」，即某特定事件平均多久發生一次，但不能明確指出事件將會在何時發生、中間相隔多久等。

很多人都會知道「過往表現並不反映將來表現」，但歷史以及統計數字的意義，在於提供客觀的依據，讓政府制定政策時能有所參考。套用到投資理財都一樣，2023年的港股也經歷了一次「N年一遇」，破天荒連續4年下跌，是有記錄以來的首次。港股未來的走勢如何，我們當然無法預知，但至少可以借歷史數據建構最佳投資組合，降低小概率事件發生時對自己的影響，做好風險與回報間的平衡。

適合退休人士的「25%永久組合」

構建投資組合時，60／40股債組合是最受推崇的黃金比例，因為以美國資本市場為例，歷史上發生股債雙殺的年份的確非常少，在過去100年之中就只有1931年、1941年1969年和2018年和2022年，但這些「N年一遇」只要碰上一次，也可致損失慘重。因此，筆者更為提倡一個源自暢銷書《哈利‧布朗的永久投資組合》的「25%永久組合」，即是將資產的25%配置股票、25%配置債券、25%配置黃金及25%配置現金。

圖表1.9 「25%永久組合」與「60/40股債組合」

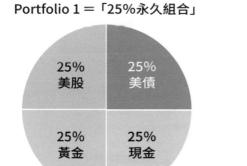

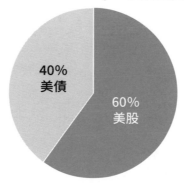

對比一下兩個組合的回報，Portfolio 1＝「25%永久組合」的複息回報是8.08%，而Portfolio 2＝「60/40股債組合」的複息回報是9.2%；「25%永久組合」的回報略遜1%，但也非常不錯，至少跑贏通貨膨脹無虞。

圖表1.10　兩個組合於1972年至2022年的回報

Performance Summary

Portfolio	Initial Balance	Final Balance	CAGR	Stdev	Best Year	Worst Year	Max. Drawdown	Sharpe Ratio	Sortino Ratio	Market Correlation
Portfolio 1	$10,000	$525,864	8.08%	7.09%	40.78%	-8.44%	-13.19%	0.51	0.81	0.58
Portfolio 2	$10,000	$890,180	9.20%	10.12%	31.69%	-17.84%	-28.54%	0.48	0.72	0.94

Portfolio Growth

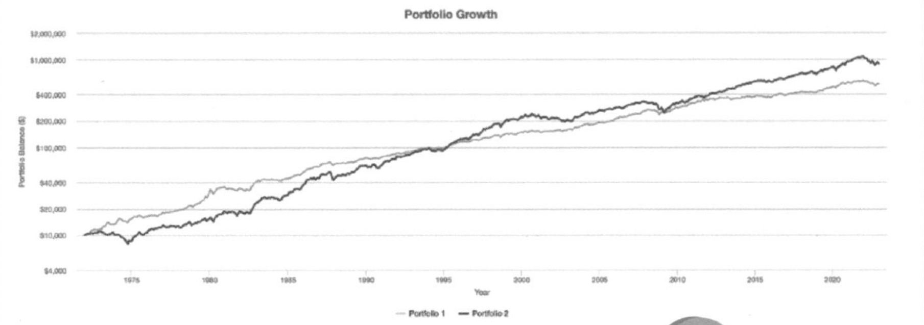

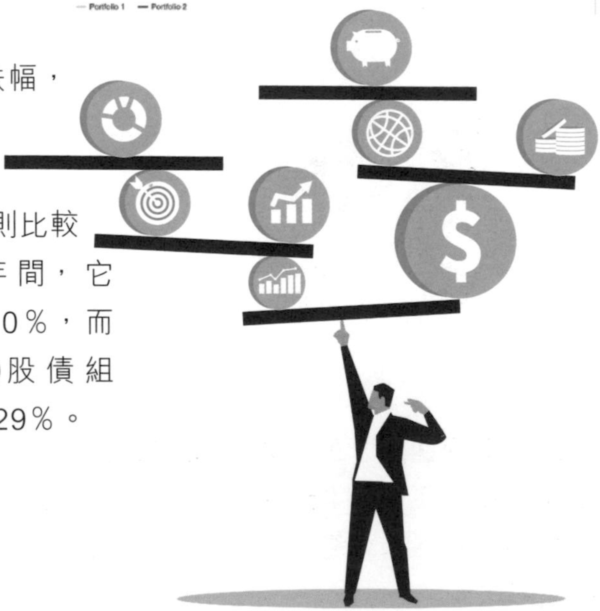

但再對比兩個組合的跌幅，如果從波動性及風險管理角度，Portfolio 1 =「25%永久組合」則比較有優勢，因為在50年間，它的年度跌幅很少超過10%，而Portfolio 2 =「60/ 40股債組合」的最大跌幅則是約29%。

圖表 1.11　兩個組合於1972年至2022年的跌幅對比

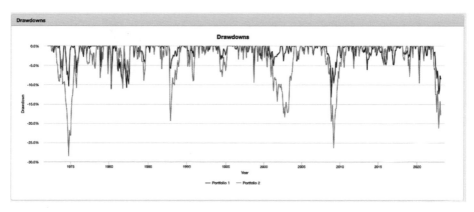

所以若從回報穩定性而言，「25％永久組合」的波動性較低，而且又能抗通脹及方便提取，適合退休人士安心持有。

享　富　TIPS

　　「25%永久組合」有25%的現金配置，實務上可考慮配置貨幣基金，同樣流動性充足，且提取去「玩」甚至是其他用途也相對方便。如果當年遇上特別事情需額外用錢，例如突發的醫療開支，也可以提取玩樂資金作為應急錢之用。

— 第2章 —

生前贈與是與非

2.1 「贈」在起跑線

當你已經為自己及配偶準備好合適的「享富」計劃，「住」、「食」、「醫」和「玩」四大支出都已滿足，便可以開始探討將有餘的資產「傳」下去。但既然本書名為《富活享贈傳》，即是將「傳」再細分為「贈」與「傳」——「生前贈與」及「遺產傳承」。

「遺產傳承」是華人社會的傳統觀念，但一部分人卻對「生前贈與」抱懷疑態度，認為不應過早將財富分給子女，子女年輕時要白手興家才是真本事！但筆者們主張，生前贈與亦是家庭理財計劃的重要部分。

香港人大都疼愛子女，子女未出世已經要找幼稚園，三歲已經要學鋼琴、學外語，為的

就是幫子女贏在起跑線，但你有沒有想過這些已經是「贈」的一部分了。正如內地的網絡「潮句」：「你十年寒窗苦讀，憑甚麼超越別人三代的努力」！

你可能投資過微軟、騰訊或巴郡這些世界知名企業的股票，也很大機會聽過比爾‧蓋茲、馬化騰和股神巴菲特的創業故事，甚至以他們的一些金句作為自己的座右銘。但這些超級富豪的風光背後，其實都遇上過無數困難，要跨越這些「辛酸史」，除了永不放棄的精神，可能與家庭背景及支援也有著密不可分的關係。

成名要趁早！

提到比爾‧蓋茲，很多人都知道他在大學時輟學，放棄哈佛的學位。但你可知道為何比爾‧蓋茲能在13歲就有機會接觸到電腦？1968年是一個人人都可以接觸到電腦的年代嗎？大部分人連電腦是甚麼樣子都不知道！比爾‧蓋茲的父親威廉‧亨利‧蓋茲（William Henry Gates）是西雅圖著名的律師，也曾擔任華盛頓州律師協會的總裁；而他母親也來頭不小，瑪莉‧麥斯威爾‧蓋茲（Mary Maxwell Gates）是全美「聯合勸募協會」的首位女性總裁，在35歲時，就出任華盛頓州的第一州際銀行（First Interstate Bank）董事。當然，這也與他入讀的學校有關，種種因素成就了一代的「電腦天才」。

提到股神巴菲特，很多人都知道他的老師是「價值投資之父」格雷厄姆（Benjamin Graham），但你可知道他投資路上的老師也有他的

父親嗎？股神巴菲特的父親霍華‧巴菲特（Howard Buffett）從事證券經紀人的工作，亦曾當選過美國眾議員。

馬化騰在創業之初，面對資金困難，先後和四家公司談判均以失敗告終，曾萌生過把QQ賣掉的想法。幾經堅持，最終爭取到不少風險投資的支持，才成就了現時的「企鵝帝國」。除了一眾「資本大佬」支持外，馬化騰背後也有一個堅實的支持者，就是他的父親馬陳術，曾擔任中華人民共和國交通部海南八所港務局副局長，深圳市航運總公司計財部經理、總經理，深圳市鹽田港建設指揮部副總指揮，深圳市鹽田港集團有限公司副總經理，1997年被選為鹽田港上市公司的董事。

以上三位大人物的故事細節，在此就不詳述，大家有興趣的話可以參看他們的傳記或一些網上的公開資訊。他們的家庭如何輔助他們步向成功？可能是資源、成長環境、人生經驗或人際網絡，重點是在他們年輕時已經擁有，如果比爾‧蓋茲在63歲才有機會接觸電腦，或者QQ真的因資金不足而被賣出，世界名人傳記是否會被改寫？就如張愛玲的名言：「成名要趁早，來得太晚的話，快樂也不那麼痛快。」以家庭為單位去規劃財富猶如行山，如果你已經行到山腰，還會希望子孫從山腳重新出發嗎？

不要傳承「負資產」

和「享富」一樣，「贈富」當中也大有學問，甚至稱得上一門哲學。送禮不當，除了無法助子女「趁早成名」，甚至可能發生「送禮勤」

悲劇。舉一個極端的例子，你現時40歲，持有一層市值1,000萬港元的物業，附帶未償還按揭500萬港元。如沒有良好的風險管理，你意外離世的話，留給子女的是財產還是負債？一場意外「傳承」，隨時令一個中產家庭「向下流」！

與其浪費成本，不如「天道酬勤」，學好「送禮」哲學，主動規劃如何傳承資產，將財富、愛心與快樂在幾代家庭間流傳。

2.2 唔怕不孝，最怕攬炒

延續上一章節的討論，為何很多人都同意以遺產的方式將財富傳承給子女，對於生前贈與卻較少有身體力行呢？如果擔心子女亂用財產，在自己在生時贈與，不是更為保險嗎？最常見的原因是怕子女不孝。但退一步來說，即使你死後才將財富傳給子女，就不怕他不孝嗎？還是要設下條款，確保子女會年年拜山祭祖？

筆者經常以中學時期讀過的一篇範文《請客》作比喻，文章提到中國人是最喜歡請客的民族，但其實很多人心底都視請客為「小往大來」的手段，希望對方未來會「回報」自己！傳承財富予子女也是如此，怕過早將財產贈予子女，子女「打完齋唔要和尚」，令自己老來沒有著落。與其如此，不如大家反璞歸真，不要「請客」罷了！

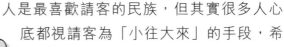

無論是「贈」或「傳」，除了財富本身以外，傳遞的還有當中的心意與愛意，並不是所有事情都可以從風險或回報的角度考慮的。所以，與其怕將財富送給子女後，子女會不孝，不如關心如何送出這份心意，確保子女能接收到它的最大價值。

比起乾脆不送，還有一種更難處理的心態——「介乎送與不送之間」，既怕送得太早，子女「過橋抽板」；又怕甚麼都不送，子女更冷落自己，於是想出「送一半又留一半」的方法，以為可藉聯名持有資產的形式控制子女，卻不知這是一把雙刃劍，隨時導致「攬炒」。

攬炒風險 01 聯名銀行戶口

即使子女很孝順，不會「出蠱惑」偷你的錢，但也可以出現各種意外狀況，例如子女經營生意失敗致破產。一般而言，破產令只會針對欠債人的個人收入或資產而作出限制，對家人並不會造成影響。然而，若破產人士和家人擁有聯名資產如聯名戶口，則視乎實際情況，聯名戶口亦有機會被判為屬於當事人的資產，並用於償還債務。

攬炒風險 02 聯名物業

破產是極端例子，但欠債或離婚則愈來愈普遍。假如子女因經營生

意或其他理由而借貸，即求助所謂的「財仔」，你與子女聯名持有的物業可能會因此被「釘契」，影響未來買賣。至於前文提過的離婚當然亦是隱藏風險，假設被要求「分身家」，聯名物業自然也有機會變成被瓜分的資產。

與其「弄假成真」，不如傳情達意

你聽過「墨菲定律」嗎？如果你心裡總想著壞的事情，它便真的有機會成真。例如你褲袋裡有一張支票，你害怕別人知道，也怕丟失，所以每隔一段時間就會伸手摸摸，確定支票是不是還在褲袋中，於是你的規律性動作引起了小偷的注意，最終支票就被小偷偷走了。或者沒有被小偷偷走，但那個褲袋被你摸來摸去，終於被磨破，支票就掉出去丟失了。

你天天想像子女不孝而擔驚受怕，這些負面思想也會反映在你自身的行為，以及和家庭成員的相處之中，最終無論你送與不送，與子女的關係也會變差。明明本身希望留下一份心意，結果卻事與願違，何必呢？

所以，如果你打算「送一半又留一半」，而留的一半會影響你退休生活的話，就不如不要送，先回到本書第一章，安排好自己的「享富」規劃再作打算。當確保「四大開支」都已滿足，與其再挖空心思想以「一半一半」的方式留住子女，希望他們孝順自己，不如思考如何將心意送得乾脆一點更實際。

2.3 幾多先夠之過猶不及

如果接受了「生前贈與」的概念，下一步就要部署送甚麼好，如何送。2023年某銀行發表了一份有關新世代中產的報告，調查顯示有三分之二的中產父母曾考慮於子女畢業後給予他們一筆資金作為支持。這筆獎勵金金額應該送多少？獎勵的目的是甚麼，期望助子女達成甚麼目標？循「畢業獎勵金」的方向加以部署及規劃，其實就是「生前贈與」的思路！

「畢業獎勵金」應該送多少，沒有標準的公式，但從以下兩個例子，大家可以得到一些啟示。

要快樂過生活，別拼命去生存

例子 01　香港曾經有一個名為《窮富翁大作戰》的真人Show電視節目，專門邀請一些成功人士去體驗基層生活。當年被喻為「含著金鑰匙出生」的富二代企業家田北辰亦是參加者之一，他在參

加節目前曾揚言「如果你有鬥志，即使是弱者，亦可以變成強者」，深信人可以憑努力擺脫貧窮。2011年，他在節目中化身為時薪只有25港元的清潔工，下班後帶著疲憊不堪的身軀擠進「籠屋」，微薄的工資

更多資訊

《籠屋生活打爛老闆尊嚴》—田北辰

https://app7.rthk.hk/special/joyfulreadingmoment/article.php?id=441

甚至吃不起一頓茶餐廳晚飯。原本為期七天的窮困體驗，他在第二天還沒結束的時候，就表示自己「已經體驗足夠」而退出，對財富的觀念更大為轉變。他最後表示「很奇怪，我這兩天只考慮吃東西，我完全沒什麼盼望，我什麼都不想，我努力工作只是希望吃一頓好的！我現在了解他們大部分的想法，怎麼會去計劃下星期、明年、將來會怎樣？最重要是解決下一餐。」

更多資訊

鄭欣宜繼承遺沈殿霞遺產相關報導

https://ol.mingpao.com/ldy/showbiz/news/20230301/1677607795040/%E9%84%AD%E6%AC%A3%E5%AE%9C%E8%A2%AB%E6%8C%87%E5%B7%B2%E7%B9%BC%E6%89%BF%E6%AF%8D%E8%A6%AA6000%E8%90%AC%E9%81%BA%E7%94%A2-%E8%82%A5%E5%A7%90%E5%A5%BD%E5%8F%8B%E9%99%B3%E6%B7%91%E8%8A%AC%E6%BE%84%E6%B8%85-%E9%83%BD%E4%B8%8D%E6%98%AF%E7%9C%9F%E7%9A%84

例子02 另一個情境完全不同，原理卻異曲同工的例子，是著名藝人沈殿霞（肥肥）與她的女兒鄭欣宜。據報道，肥肥過身前把6,000萬港元遺產成立了信託，初期每月只給女兒2萬港元生活費，直至欣宜年滿35歲才可領取全部遺產。2萬港元足夠「生存」，但遠不夠「生活」，故此欣宜必須工作賺

錢，最終在演藝事業闖出一片天，憑實力成為當今最受歡迎的女歌手之一。

例子① 田北辰帶出的重點，是如果錢太少，連基本生活也要擔心，子女根本就不會有心思做任何長遠的規劃，更不用談白手興家創業了。**例子②**欣宜帶出的重點，則是如果過早給予太多金錢，有可能令子女失去奮鬥的動力。綜合兩個例子，「獎勵金」的金額過猶不及，但具體如何量化，如合平衡「生活」與「生存」，讓財富成為子女快樂又積極地生活的推動力？根據筆者十多年的從業經驗，從以下幾個角度部署「贈」是不錯的選擇。

❶「贈」未成年的子女：一筆教育經費

父母首要關心的當然是子女的教育經費，所以若然子女未成年，為子女準備一筆升讀大學的經費是常見的贈與方式之一。畢竟最好的投資就是「投資自己」，智慧是唯一他人無法搶走的財富，不會被偷走也不會被課稅，完完全全屬於自己。股神巴菲特曾說：「如果你是最好的教師、最好的醫生、最好的律師，那麼不論最終貨幣的價值是什麼，你都會從經濟的大蛋糕中獲得你應得的一塊」。

❷「贈」已成年而工作穩定的子女：置業首期

當子女大學畢業，很多父母就會考慮「獎勵金」的贈予，其中常見的

考慮就是送首期。這條數本來不難計算，但有時父母卻忽略了子女的供款能力，反而讓子女背上一身樓債，「愛佢變成害佢」！更甚的是有些父母給首期之餘，自己還要做擔保人，實在是做多了。

❸「贈」有創業想法和計劃的子女：天使資金

李嘉誠說「打工是最愚蠢的投資」，不少年輕人亦雄心壯志想創業。但創業談何容易？種子以至天使資金是初創企業快速成長的重要第一步。舉例，現在家傳戶曉的品牌戴爾電腦（Dell）和奈克（Nike），他們的創辦人米高‧戴爾和菲爾‧奈特都曾經在創業初期受惠於父母的幫助。

不過，如何準備這筆天使資金亦有學問，以100萬美元為例：有些父母會在子女成年時直接一筆過給予作為起步資金。有些父母則希望子女更珍惜得來不易的金錢，要求子女工作賺錢、儲錢，當子女儲到10萬美元時，才獎勵他90萬美元，他就能合共有100萬美元作為創業資金。兩種方法各有好處，當視乎子女的性格和資質而定。

2.4 教育儲蓄 助子女振翅高飛

上一章節提到，在香港最多父母首先考慮的「生前贈與」形式，是為子女預備一筆教育基金。其實這亦是很多父母的傳統觀念，覺得至少要供仔女讀完大學，自己的基本責任才算完成。教育儲蓄要多少才夠？由「九年免費教育」到「十二年免費教育」，香港教育的所需費用都有數得計。但學位的價值又如何呢？根據《2027年人力資源推算報告》，本地持有學士學位的人力供應正持續上升。

本地大學畢業不再是「天子門生」

圖表2.1　2017年及2027年按教育程度劃分的本地人力供應

教育程度	2017 年實際本地人力供應 @		2027 年本地人力供應 @ 推算		2017 年至 2027 年的推算變動	推算年均變動率 (2017 至 2027)
	人數	所佔百分比	人數	所佔百分比		
初中及以下	878,600	24.1	605,500	17.0	-273,000 ##	-3.7%
高中	1,282,000	35.2	1,189,300	33.3	-92,700 ##	-0.7%
文憑	116,700	3.2	116,100	3.3	-600	-0.1%
副學位	218,400	6.0	255,900	7.2	+37,500	+1.6%
學士學位	888,600	24.4	1,063,200	29.8	+174,600	+1.8%
研究院	255,600	7.0	339,900	9.5	+84,300	+2.9%
所有程度	**3,639,800**	**100.0**	**3,569,900**	**100.0**	**-69,800**	**-0.2% ~**

@ 不包括外籍家庭傭工
~ 本地人力供應按推算會從 2017 年的 364 萬人，上升至 2019 年至 2022 年間約
367 萬人至 368 萬人的高位水平（即在 2017 年至 2022 年間按年平均增長 0.2%），
然後下降至 2027 年的 357 萬人（即在 2022 年至 2027 年間按年平均下降 0.6%）。
在 2017 年至 2027 年整個推算期間，本地人力供應按年平均下降 0.2%。
這兩個教育程度人力供應的估計下降數字，反映在 2017 年至 2027 年期間，擁有該
等學歷的戰後嬰兒潮一代退休及相同學歷的勞工增補所致的變動淨值。
註：由於四捨五入關係，個別項目的數字加起來未必與總數相等。

資料來源：《2027 年人力資源推算報告》

而香港學位參與率不斷上升，已經到達48％水平，高於國際經貿組織的平均數字，政府官員也表示，專上課程的學額增長，已足夠讓所有合資格的文憑試畢業生在本港升學。

圖表 2.2　2008 至 2017 年香港學位參與率

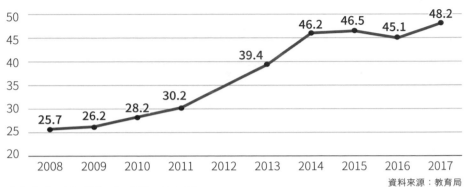

資料來源：教育局

外地升學出路更佳

學業當然有價，只是本地學位價值不再而已。事實上很多家庭都已經意識到，外國大學的多元教育，以及對國際視野、創意及創業精神等方面的培訓，的確能讓子女有更佳發展，對他們未來就業也更有幫助。根據《中六學生出路統計調查報告書》，2021 年有 5,645 名中六學生離港升學，佔整體畢業生人數的 14.3％。對比 2012 年的 8.1％，呈反覆上升趨勢。

圖表 2.3　在香港以外地區升學的中六畢業生人數及百分比

人數及百分比

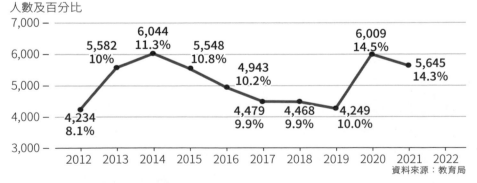

資料來源：教育局

所以，「教育儲蓄要多少才夠」的答案，視乎你計劃送子女到哪裡升學。如果在財務上有餘力，不妨及早與子女討論他們將來的就業意向，再決定升學地點。例如子女希望當獸醫，可以考慮到相關專業最出名的澳洲升學；或者子女將來希望移民英國，就可以考慮先到英國讀書，提早適應當地生活。

圖表2.4　主流升學國家費用匯總

英國

每年大學學費 (港元)
約 120,000 至 250,000 元

每年留學生活費 (港元)
約 100,000 至 200,000 元

每年留學住宿費 (港元)
約 60,000 至 120,000 元

澳洲

每年大學學費 (港元)
約 100,000 至 200,000 元

每年留學生活費 (港元)
約 100,000 至 160,000 元

每年留學住宿費 (港元)
約 60,000 至 150,000 元

加拿大

每年大學學費 (港元)
約 100,000 至 210,000 元

每年留學生活費 (港元)
約 80,000 至 130,000 元

每年留學住宿費 (港元)
約 60,000 至 120,000 元

美國

每年大學學費 (港元)
約 280,000 至 500,000 元

每年留學生活費 (港元)
約 80,000 至 170,000 元

每年留學住宿費 (港元)
約 63,500 至 85,000 元

君子不立危牆下，儲蓄保險勝率高

面對教育儲蓄這個不能失敗，而且有絕對時間限制的理財目標，很多人會首先想到利用絕對保本的定期存款。但由於定存回報相對有限，所以除非子女已經入讀大學在即，沒有太多的時間成本可以消耗，否則若年期許可，筆者會建議考慮另一種更聰明的理財組合，就是儲蓄保單＋投資組合。

圖表2.5　子女教育基金投資部署

距離子女入讀大學的年期	可考慮的理財工具	原因
少於 3 年	定期存款	輸不起，保本最重要。
多於 3 年但少於 10 年	債券基金	一般債券基金不會連續下跌 3 年，屬於穩定又可以適度增值的選擇。
多於 10 年	股票基金 + 儲蓄保險	儲蓄保險可滿足學費的絕對值，而超過 10 年的通貨膨脹，則可以靠股票基金的回報追上。

假設你的女兒今年3歲，並將於18歲入讀大學，你就有15年時間預備教育儲蓄。儘管以投資組合而言，15年時間有大概率維持正總回報，但卻無法保證市場會在何時出現大幅波動。試想像一下，如果女兒明年就18歲讀大學了，現在卻遇上金融海嘯，你的投資組合價格大跌，難道跟女兒說要遲幾年，等投資回升才讓她繼續讀書？所以單靠投資組合，有可能出現養兵千日，卻無法用在一朝的慘況。而儲蓄保單的穩定增長，正好將失敗（達不到儲蓄目標）的概率大大減低。

「贏得快」不如「贏得穩」

有些人會認為10多年時間，總會遇上牛市，因此投資股市才是最快達成儲蓄目標的方法。但舉一個簡單比喻，如果你今天必須準時出席一個重要會議，否則便會被公司開除，現在距離會議開始只剩一小時，而你有兩個選擇：

搭的士 通常只需35分鐘，最快可以20分鐘到達，但萬一過海塞車可能要超過1小時。

坐地鐵 通常都要50分鐘，最快可以45分鐘到達，最慢就要55分鐘。

你會如何選擇？答案顯然易見：搭的士是賭博，坐地鐵才是理想的選擇，因為即使需時較慢，卻能確保準時到場。有朋友可能會說，我先開Google Map看看路況再決定吧！套用於以上的擇路例子或許可行，但在金融投資市場我們卻沒有「Google Map」作為水晶球，所以無法預知達標的「最快路線」，只能及早規劃成功率較高的「最穩路線」。

儲蓄保險的「隱藏功能」

但話說回來，「最穩路線」並不代表回報就一定較低，因為投資回報取決於三個因素：本金、時間、回報率。不少人只著重回報來得是否夠「快」，但其實看看財務公式就會明白，本金和回報率只能帶來乘數效果，而時間則會帶來更厲害的指數效果。

$$FV = PV (1+R)^N$$

$$未來值 = 現在值（1+ 回報率）^{年期}$$

從以上公式及現實考量，我們就能綜合出以儲蓄保險來預備教育開支時的要點：

一：越早開始越好；

二：加大儲蓄率，增加本金的投放；

三：**選擇保險計劃時，回報的穩定性遠比回報高低更重要。**如果只追求高回報而忽略穩定性，依靠投資組合便可以，又何需儲蓄保險？使用儲蓄保險的核心，就是要穩定達標，不要本末倒置。

此外，儲蓄保單還有一項特有功能，是投資組合沒有的。試想想，假如子女仍在就讀中學，自己卻不幸遇上疾病或意外導致傷殘，甚至死亡，就不能再投入資金儲蓄投資，令子女的教育儲蓄未能達標。**但假如利用保單特有的功能，例如付款人保障，那即使供款期間遇上意外，保險公司也會替你供完剩下的儲蓄年期，保証能夠完成全期供款，確保子女有錢讀書。**

當然，我們並非身處非黑即白的二元世界，不是説有了儲蓄保單，就不需要投資組合，反而將兩者配合使用，更能相得益彰。學費的絕對值，即現時已經可知的學費部份，靠儲蓄保單來滿足；對於未來不可知的學費增長，即潛在的通脹升幅，則可運用投資組合應對。

2.5 送樓最怕「被分身家」

為子女準備教育儲蓄以外，另一種最常見的生前贈與，就是在子女成家立室之時贈送一層物業，讓子女與另一半有個安樂窩。奈何現實不是童話故事，婚後不一定可以相愛到永遠，在全球離婚率高企之下，父母送禮就更怕子女遇人不淑，假設送一層樓給女兒，未來她離婚了，物業是否仍然屬於女兒？

根據《香港統計月刊》所示，港人獲頒離婚令的數目由1991年的6,295宗大幅上升至2019年的21,157宗。如果以離婚率來計算，

2019年香港離婚率達48％！如何避免「送禮」給子女，最終卻因離婚而令財產落入「前度女婿」或「前度家嫂」手中，是愈來愈多富爸媽心目中的考量。由於離婚時的

財產分配很多時是基於公平原則，一般以名下總財產各自分配50％作為起點，所以即使物業由父母全額出資，萬一子女離婚，資產真的有機會被「分一半身家」！

人心難測　提防家嫂

如果你打算送一層樓給子女，又想保障自己及子女的資產，可以從以下三方面部署防守。

 ## 婚前協議

協助子女準備婚前協議，在外國是較為普遍的做法，亦已有實例證明，法院是會參考執行婚前協議的＊。以下幾點是婚前協議中，雙方需要注意的原則：

1. 須如實交待財政狀況

2. 徵詢獨立法律意見

3. 最少於結婚前一個月自願訂立

4. 不能對其中一方極不公平

不過，婚前協議在香港暫時未算普及，畢竟實際操作時除了要諮詢專業的法律意見，還要兼顧「人性」，實在不容易。

終審法院在2014年SPH v SA 一案中採納英國Radmacher v Granatino案例，明確指出只要雙方訂立協議時，完全明白協議的含意，並出於自願，法庭應容許執行婚姻協議，除非因應情況而要求雙方遵從協議會引起不公平。

 方案 02　貸款協議

直接「送一層樓」以外，也可以換個思路，「貸款」給予子女買樓，並保留貸款協議、利息及還款紀錄等，這樣你就成為了子女的債權人。由於子女的資本淨值權益是樓價減負債，即使將來離婚需要分割，亦可大大減低他們需要分割的金額。

同時，你亦可以在貸款協議中訂立條款來保障自己，例如子女賣樓就需要向你還款等等。不過，需留意貸款協議亦有其不足之處：當子女申請按揭時，表格上通常都需要申報首期資金來源，而當銀行看見資金來源是借貸，則有機會影響按揭申請。

 方案 03　妥善保留出資記錄

另一個較為主動的做法，是保留自己出資買樓的紀錄，同時寫一封家書給予子女，說明你心裡並非打算送贈，只是讓子女在名義上託管持有這層樓，並留下時間紀錄。如此一來，子女只是以復歸信託（Resulting Trust）的形式，名義上持有物業，而你依然是這層樓的實益擁有人（Beneficial Owner）。不過，這做法等同「假代持」，

是否會引伸其他煩惱又是另一個問題。

但說到底，無論以上哪一種方案都沒有百分百保障，只要你選擇送，就必須接受潛在的婚姻風險，能做的只有提早規劃，將風險盡量降低，如有需要，記得提前諮詢專業人士意見。

離婚要求「分54億身家」

每對新人在簽署一紙婚書時，都對未來充滿憧憬，有信心白頭皆老。但現實卻是，當由浪漫回歸現實，總有些夫妻就會分道揚鑣，簽紙離婚。因此作為父母的，代替子女做多一步防守，去「提防家

嫂」或「提防女婿」，也是默默守護的一種，更可能起到驚人作用。

「恒豐媳婦」是香港最經典的離婚官司之一，即家產過百億的恆豐酒店後人李建勤及其前妻曾昭穎的離婚案件，創下當年香港史上最高金額贍養費的紀錄，亦被傳媒廣泛報導。從曾小姐一開始要求瓜分55%身家，即54億港元作為贍養費，到原審判決獲得12.2億港元，再到上訴判決獲得5億港元，過程峰迴路轉，戰況非常激烈。雙方重金禮聘頂級律師團合共接近20人，所費律師費甚鉅。

由12億港元變成5億港元，當中的關鍵是李建勤婚前與父親李德義簽訂的一份貸款協議，當中涉及價值64億港元的物業資產。協議中列明，父親有絕對的法律權力，無需任何原因，可隨時以1港元的代價，取回兒子的資產。原審法官認為父親無意執行協議，**上訴庭則認為父親藉貸款協議及條款控制兒子資產，是一開始就沒打算贈與給兒子，可見有關資產並不屬兒子所有。**李德義的這份貸款協議，變相「價值7億」！

不過，從以上例子中可以看到，儘管貸款協議是有效的工具，實際操作時卻非那麼清晰明確，兩次判決出現不同結果，當中帶有變數。所以，如果想保障家族資產不外流，除了提前做好理財規劃，也可以綜合使用指定贈與傳承工具，例如保險或信託等，發揮最大效用。

更多資訊

恒豐贍養費
上訴案相關報導

https://hk.news.yahoo.com/ 恒豐贍養費
上訴案李德義勝訴 -032000921.html

2.6 管好財富
要「軟硬兼施」

再次回到「送幾多先夠」的問題，有一個不能忽略的考慮重點，就是子女本身的性格特質，是否有能力管理財富。舉個實際例子，筆者讀大學時，有兩個同樣是「富二代」的同學，一個生活樸素，很早已經有創業的想法，畢業後果然大有所為；另一個生活奢華，天天駕駛跑車回校上課，但每個月月底都「呻窮」，再向家人伸手，畢業後過得平平無奇。如果你是父母，會更放心將財富交給哪一位？

所以提早送贈財富予子女，「送幾多」終究只是硬件；子女是否足夠成熟，是否有管理財富的這份「軟件」更重要。

管理財富的能力又稱為「財商」，根據投資者及理財教育委員會提出的理財能力架構，當中包括態度、動機、知識技能及行為四大範疇，可以作為審視送禮「軟件」的初步參考。舉例，子女在小學時，應已懂得辨別短期及長期理財目標，到中學畢業時，則應懂得理解財務計劃能如何幫助自己達成人生目標等等，這些都是財商合格的

標準。但如果子女踏入成年階段，依然未懂得如何設定短中長期理財目標，提早送他們財富就需要更審慎了。留意，不是「財商不夠高就不能送」，因為「過度保護」也不是好事，而是要送得更有計劃，讓財富成為推動子女成長的助力。

「過度保護」弊多於利

筆者見過不少真實案例，很多富爸媽都會出於愛護之情，精心保護子女，想他們衣食無憂，不用工作得太辛苦，也不想讓子女有太多錢「過手」，以免遇人不淑。以下是這些富爸媽很常見的做法。

- 不會送子女物業或首期，而是將自己名下的物業「租」給兒子；

- 安排兒子在自己的公司上班，負責一般的工作「出份糧」，工資足以「交租」；

- 但簡單「出份糧」當然「唔夠使」，於是再以不定期、不定額的形式，例如在自己生日、子女生日、新年、農曆新年等日子，贈送「現金利是」給子女；

- 當子女結婚後有了兒女，直接為孫仔、孫囡支付學費等支出。

如此一來，子女基本上生活無憂，也沒有擁有過太多財富，即使他日離婚，新抱或女婿都大概率分不到太多錢。以上的「保護」辦法是否可行？當父母在生時，可能有一定作用，但一旦富爸媽離世，身

邊就會突然多了很多「生意機會」甚至「紅顏知己」。一個沒有實際
管理金錢經驗的人，一時間手上掌握大量財富，後果可想而知，但
偏偏為時已晚，到時父母已經不在，再沒有能力保護子女！

成為子女真正的「天使投資人」

其實在父母眼中，子女永遠長不大，父母永遠都認為「送得太早」。
不過，只要提早部署，配合適當的架構管理風險，讓子女真實管理
財富，回報絕對比風險高。這份「回報」並不一定是金錢上的得益，
可能子女最初投資眼光差，會遭遇失敗甚至被騙，但有父母在旁指
導、協助及補救，付出的「學費」有限，但子女循序漸進所累積的經
驗，將使他們受用終身。如果父母一直「攬住」財富，也「攬住」子

女不放手，將來要交的「學費」只會更高，代價只會更大。

在章節 2.3 曾提過，如果子女有意創業做老闆，富爸媽可以支持並擔當天使投資人，但筆者想在此提醒，父母要謹記公事公辦，扮演真正的投資者角色，與子女商議及制定商業安排及目標，子女才能累積「實戰經驗」。切勿因為愛子心切，就盲目用「添油戰術」，眼見子女經營不善，卻不斷加大注資，如此或會幫倒忙，只是資助了一個經不起驗證的商業模式而已，子女更無法從學習中成長。父母投資之餘，更重要的是從旁輔助，將自己的經商經驗與投資智慧，一併傳承給子女。

本書是理財書籍，難免「事事講錢」。但關於生前贈與，無論是一筆升學費用或是天使投資，除了提供金錢上的協助外，核心意義還是在於培養及教育子女。縱使你的子女未必有意創業，或者你口袋的資源並不是十分充足，但在人生跑道上，你肯定是孩子最重要的一位「天使投資人」，除了提供金錢和資源，更包括知識、方向和視野。

「送得太早」，總好過「愛得太遲」；做好規劃，及早行動才是上策！

― 第3章 ―

問問子孫去哪兒

3.1 傳承「一水隔天涯」

上一章從多角度分析了生前贈與的部署,但「送禮」的學問還不止如此!因為剛才的討論,是假設你和子女都長居香港,但如果你的仔仔囡囡或孫仔孫囡已經移民外地,或者計劃移民,「送禮」的規劃將會完全不同。因為一地之隔,外國和香港的文化、法律及稅務可以是天淵之別!

婚姻關係更複雜

假設你擔心子孫被「分身家」,在香港只要一日未結婚,在財務上也是相對安全的,不過在外國則可能不一樣。以港人的熱門升學及移民目的地澳洲為例,澳洲有一種關係叫「De facto relationship」,指雙方雖然未完成婚姻的註冊手續,但基於真摯的感情基礎同居一定時間後形成的家庭關係,法律效力與婚姻關係相似。

另外,澳洲已在2017年通過同性戀婚姻合法化,同性伴侶和異性戀

伴侶將享有同等的法律權益，同性伴侶在澳洲也可登記同居伴侶關係，其中包括同性戀者和異性戀者。澳洲並非個例，在英國、美國和加拿大等地都一樣，婚姻概念與香港可以很不一樣，父母或會感到相當震撼。

你以為子女未談婚論嫁，就可以放心？在很多國家，即使只是和異性甚至同性「朋友」一起住，都隨時會因為「分手」而觸發「分身家」爭議！所以，對於高淨值的家庭而言，應視乎所在地的婚姻制度，有需要時及早部署婚前協議、資產隔離和信託等安排。

分別 02 稅務制度高深莫測

相信很多人都知道外國的稅率很高，稅務規則很複雜，而且普遍設有遺產稅、資產增值稅等。即使不講到財富傳承那麼長遠，單從投資角度而言，稅務制度都可以對投資回報有很大的影響。

一般而言，股票還是債券的投資回報較高？相信多數人都會回答股票。在香港可能是的，但如果計及外國稅務影響，在不同的經濟週期下可以有不一樣的答案。

以港人的熱門移民目的地英國為例，債券投資在英國的稅務制度下暗藏優勢，比如英國政府發行的債券（簡稱為「Gilts」）是可以被免徵收資產增值稅的。「Gilts」和其他債券一樣，回報主要由兩個元素構成，分別是定期派息，以及價格波動。在加息週期尾段（例如2023年），由於持續加息，二手市場債券價格多呈下跌，舉例債券發行的票面值是100元，加息尾段的價格可能只剩80元。假設以票面值的折讓價買入，只要債券不違約，持有至到期將獲票面值歸還，即從80元升到100元，相信是一筆不錯的資產增值，而且免稅。相反，如果是高收入人士投資股票，可能就要面對高達20％的資產增值稅了。

單是一筆投資已經會因稅務制度而左右回報，對財富傳承的影響可想而知。

小心「分叉的傳承線」

香港人一直不著重傳承的「安全」，以為有心就可以富傳三代，忽略了當中很多細節問題。在香港的環境下，也許還能幸運一點，只要子女不敗家，富傳三代的成功率會更高一些；不過在外國的話，子女不敗家只是基礎條件，基於複雜的婚姻制度和觀念，被「分身家」的概率較香港更高。而且還有一個很大的財富敵人，就是「稅」！傳承不再是簡單的一條直路，隨時在你意想不到的轉角，變成了「分叉的傳承線」！

圖表3.1　香港與外國的傳承路線差別

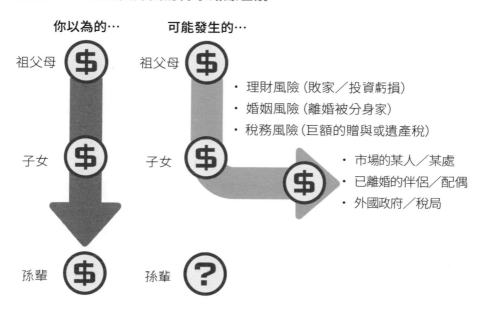

你以為的…　　　　可能發生的…

祖父母　　　　　　祖父母

- 理財風險 (敗家／投資虧損)
- 婚姻風險 (離婚被分身家)
- 稅務風險 (巨額的贈與或遺產稅)

子女　　　　　　　子女

- 市場的某人／某處
- 已離婚的伴侶／配偶
- 外國政府／稅局

孫輩　　　　　　　孫輩

想避免「分叉的傳承線」，就要留意外國的法例及稅務規則。接下來，筆者會以港人熱門移民國家為例，講解「聯合國家庭」的傳承規劃思路及考慮要點，讓大家能順利向移民外地的子女送上「心意」。

3.2「以房養學」先益稅局

第二章也曾提及，香港父母較普遍接受的生前贈與形式，就是準備教育儲蓄以及送樓。在移民潮之下，「以房養學」的概念愈來愈流行，即是在海外購置房產，再利用租金收入及物業升值回報，來供養子女的留學費用。一些網上教學更聲稱「以房養學」有助實現「零成本留學兼有錢賺」，一次過達成教育儲蓄以及送樓兩個願望。

筆者不反對「以房養學」，但必須提醒大家理想與現實的差距。無論從投資抑或傳承角度，海外物業都比港樓都更多注意事項，不能將送樓想得太過簡單或美好。

模擬個案 「看似」完美的「以房養學」

陳先生是富裕的退休人士，有一筆財富希望留給子孫。考慮到孫囝若干年後將到澳洲升學，他在網上看見「以房養學」的說法，打算在澳洲先買一個物業，以累計的租金收入及物業升值，將來「資助」孫囝學費及生活費。

以房養學 零成本留學澳洲

- 提早準備澳元資產從而減少匯率波動的煩惱
- 享受澳洲物業的租金收入及資產升值以補貼學費支出
- 讀書期間更可供家長到澳洲陪讀時暫住

 理財建議 全面分析「以房養學」的稅務盲點

「以房養學」看似完美，實際上卻忽略了潛在的外地稅務影響。讓我們從「買入」、「持有」和「沽出」澳洲物業等多角度分析「以房養學」隱藏的理財盲點。

「買入」澳洲樓的稅務成本估算

海外人士於澳洲買樓，一般只可以買新樓，撇除選擇受限之外，還需要比澳洲本地人付出更多的印花稅，概念類似香港的「辣招」，名為「印花稅附加」，以下是 4 大城市的印花稅及印花稅附加供參考。

圖表3.2　本地及海外人士買澳洲樓分別

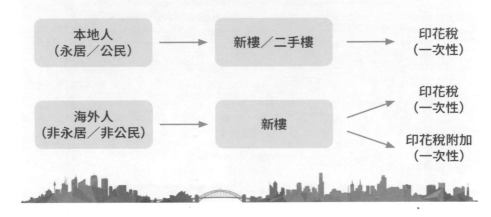

圖表3.3　澳洲4大城市印花稅列表

州／領地	稅率區間	印花稅 （100萬澳幣房產）	印花稅 （300萬澳幣房產）
新州 （悉尼）	4%至5.5%	40,090	149,200
維州 （墨爾本）	5.5%至6.5%	55,000	175,000
昆州 （布里斯班）	3.5%至5.75%	30,850	145,850
西澳 （珀斯）	2.85%至5.15%	42,615	145,615

圖表3.4　澳洲4大城市印花稅附加（針對海外人士）

州／領地	稅率（綜合）	印花稅附加（100萬澳幣房產）	印花稅附加（300萬澳幣房產）
新州（悉尼）	8%	80,000	240,000
維州（墨爾本）	8%	80,000	240,000
昆州（布里斯班）	7%	70,000	210,000
西澳（珀斯）	7%	70,000	210,000

假設於悉尼買入一個價值100萬澳幣房產，在未計及經紀佣金和律師費之前，已經要付出澳元12萬（折合約港元50萬）的印花稅，相等於幾多個月的租金收入呢？值得在投資前計算清楚。

「持有」澳洲樓的稅務成本估算

雖然一次性的印花稅金額鉅大，但都未算最可怕，海外人士於澳洲持有投資物業，視乎不同州份的情況，有可能每年都需要繳納地稅及地稅附加，以下是相關的列表供參考。

圖表 3.5　澳洲 4 大城市地稅

州／領地	稅率	地稅（每年） （100 萬澳幣房產）	地稅（每年） （300 萬澳幣房產）
新州 （悉尼）	1.6% 至 2%	596	32,596
維州 （墨爾本）	0.2% 至 2.55%	2,975	27,975
昆州 （布里斯班）	1% 至 2.25%	4,500	37,500
西澳 （珀斯）	0.25% 至 2.67%	2,730	34,330

圖表 3.6　澳洲 4 大城市地稅附加

州／領地	稅率	地稅（每年） （100 萬澳幣房產）	地稅（每年） （300 萬澳幣房產）
新州 （悉尼）	4%	40,000	120,000
維州 （墨爾本）	2%	14,000	54,000
昆州 （布里斯班）	2%	13,000	53,000
西澳 （珀斯）	0%	0	0

備註：數據截至 2023 年 10 月，稅務政策複雜和多變，以上僅供參考，詳情
請查看相關國家／城市的官方網站，或向專業人士查詢稅務意見。

假設於新州買入並持有一個100萬澳幣房產,每年付出的地稅成本可達4萬澳幣(約20萬港元),令租務回報大打折扣。另外,值得留意地稅的「龍門」幾乎可以用任意搬來形容。

> You must pay surcharge on the taxable value of all residential land that you own as at 31 December each year. There is no tax-free threshold applicable to surcharge.
>
> The surcharge rate is:
>
> - 0.75 per cent from the 2017 land tax year, and
> - two per cent from the 2018 land tax year onwards
> - four per cent from the 2023 land tax year onwards.

以新州的地稅制度為例,稅額幾乎年年不同。

「賣出」澳洲樓的稅務成本估算

當你付完了印花稅、印花稅附加與地稅,仍不代表之後的回報就全屬於你。若你希望「以房養學」去支付學費,打算將物業賣出,隨時需要繳納高達45%的資產增值稅!

圖表3.7　澳洲三大身份23/24年度入息稅稅率

應課稅收入(澳幣)	稅務居民	臨時居民	非稅務居民
0 至 18,200 部份	0%	0%	32.5%
18,200 至 45,000 部份	32.5%	19%	32.5%
45,001 至 120,000 部份	32.5%	32.5%	32.5%
120,001 至 180,000 部份	37%	37%	37%

*對於不足一整年的稅務居民,免稅額按比例 Pro-rata 計算

經過以上多重稅務七除八扣，你的租金收入或物業升值回報還剩多少呢？精確的稅款，大家可以咨詢專業人士，筆者只是希望提出買賣外地物業的潛在稅務盲點，有意在海外置業的朋友，在計算未來的潛在升幅時，千萬不要忘記計稅，避免好心「送禮」給孫囝，最終最大的得益人竟然是稅局。

如果不「以房養學」，直接「送樓」給海外子女會否更聰明？當中同樣問題多多。下一章節，我們就來探討「送樓」的隱藏稅務成本。

3.3 海外送樓「心意」打折

如果想直接贈送物業給子女，又有甚麼與香港不同的稅務考慮？既然是「生前贈與」，就可以先撇除海外資產的遺產稅問題。不過很多時候，在遺產稅以外，還有很多更複雜的稅務負擔，令你送給子女的「心意」大打折扣。

模擬個案 01 澳洲物業打折「落袋」

陳先生喜歡投資物業，又看好澳洲物業市場前景，故以50萬澳幣買入一個澳洲物業，持有多年後升值至100萬澳幣。陳先生打算將澳洲物業提早送給兒子，需就物業的獲利部分繳納資產增值稅。簡易計算如下：

（賣出價 － 買入價）× 稅率 ＝ 應繳稅款

按照剛才圖表 3.7 的澳洲稅階，雖說持有多年或可享有減免，但稅金隨時高達 10 萬澳幣以上，佔利潤約 20％，兒子只能收到八折「心意」。

模擬個案 02 加拿大物業隱藏稅項

除了澳洲物業，陳先生也有投資加拿大物業，他有一個價值50萬加元的物業，持有多年後升值至100萬加元。如果陳先生將加拿大物業提早送給兒子，會否同樣出現「心意」打折的問題？

在這裡順帶一提，加拿大的情況有點特別，無論是「生前贈與」抑或「遺產傳承」，傳承資產時都會被視作「買賣」，並按「資本增值」被徵收稅款。加拿大的資本增值計算在入息稅（Income Tax）之中，即資本增值的50％會被計算為該年度收入。換句話說，儘管加拿大「表面上」沒有資本增值稅、贈與稅和遺產稅，但當出售資產、贈送資產或傳承財富時都會被徵收入息稅。

加拿大計算資本增值的簡單公式如下：

$$（出售價 － 買入價）\times 50\% ＝ 應繳稅所得額$$

加拿大物業由50萬加元增值到100萬加元，稅款是多少？簡易計算，撇除買賣所引伸的成本，應繳所得稅額為25萬加元（100萬加元－50萬加元 ×50％）。以2023年稅率計算，增值超過235,675加元已達最高稅階33％。於以上例子，陳先生實際需繳付稅金59,306加元，約為利潤的11.8％。不過，這只是聯邦稅率，故事尚未完結。

聯邦、省份各自徵稅

除了聯邦稅，省亦有屬自己的資本增值稅，計算方式與聯邦相同，只是不同省份的稅階不同。以港人熟悉的卑詩省（BC）為例，稅率為5.06％至20.5％不等。假如陳先生的物業位處卑詩省，則需要繳付多68,955加元稅金。如此一來，聯邦稅加上州稅，總數為128,261加元，約為利潤的25.6％，「心意」變相打七五折。

Personal income tax rates

2023 federal tax rates are as follows:

Federal taxable income (CAD)		Tax on first column (CAD)	Tax on excess (%)
Over	Not over		
0	53,359	0	15.0
53,359	106,717	8,004	20.5
106,717	165,430	18,942	26.0
165,430	235,675	34,208	29.0
235,675		54,579	33.0

British Columbia

5.06% on the first $43,070 of taxable income, +

7.7% on the next $43,071, +

10.5% on the next $12,760, +

12.29% on the next $21,193, +

14.7% on the next $42,738, +

16.8% on the next $64,259, +

20.5% on the amount over $227,090

加拿大聯邦和省份有不同的資本增值稅，要計清楚以免大失預算。

如果該物業是以遺產方式傳承，卑詩省還會收取遺囑認證費（Probate Fee）。100萬加元的遺產，需繳付13,650加元遺囑認證費，約為1.36%。

 理財建議 **海外物業未必是送禮首選**

以上的例子和計算都已盡量簡化，但足以説明若香港人投資海外物業，不論是持有收租、賣出或傳承時都需要更高成本，計及所有稅務成本後，真實回報可能並沒有坊間宣傳的那麼高。

圖表3.8　香港、澳洲和加拿大賣出物業牽涉稅項比較

	香港稅項	加拿大 （聯邦）稅項	澳洲稅項
租金收入	物業稅 15%	入息稅 15 至 33% ＋州稅	入息稅高達 45%
賣出時的 資本增值	——	「資本增值」稅 7.5%至 17.5% ＋州稅	入息稅高達 45%
傳承時	——	「資本增值」稅 7.5%至 17.5%＋ 州稅＋遺囑認證 費最高 1.5%	入息稅高達 45%

順帶一提，如果下一代移民澳洲或加拿大，而該物業又成為子女的
主要居所，於賣出或傳承時或可取得稅務寬免。不過，成為外國稅
務居民的後果，是名下資產及收入將會被全球徵稅。所以還是那一
句，送禮和傳承，都是愈早規劃愈好。

有甚麼更貼心的送禮選擇，可以避免禮物送到子女手時「折上折」？
下一章節揭曉。

3.4 「聯合國家庭」的送禮首選

面對子女移民外國，送禮如何避免益稅局？任何能產生被動收入的資產，都很可能被動地徵稅，然而保險是少數的例外。以英國為例，具儲蓄成分的終身人壽保險，在保單內滾存的紅利可以免稅滾存。相反，物業的租金或基金的派息等收入，全都需要報稅，稅率可高達45％。更多關於英國的稅務知識以及保險的優勢，可以參考本書作者之一李澄幸的前作《移英財稅七步走》。

除了免稅優勢，保單還有一項經常被忽略的強大功能，堪稱「聯合國家庭」的送禮首選。

藉「第二受保人」讓保單「永續」

人壽保險看似是人人都認識的工具，不過都必須先「科普」一下。

圖表 3.9 人壽保險中的三大角色

持有人	又被稱作「投保人」，是與保險公司簽訂保險合約的人，擁有操作保單的權利，包括更改受益人、提取現金價值或退保等等。
受保人	受到保單保障的人，可以同時是持有人，假設受保人離世，保險將進行理賠。
受益人	當受保人符合理賠條件後（例如不幸身故），將會收到賠償的人；而受益人可多於一人，也可以是信託或慈善機構等。

舉例，陳爸爸是保單持有人及受保人，而陳仔仔是受益人，萬一陳爸爸（受保人）不幸離世，保險便會理賠予陳仔仔（受益人）。

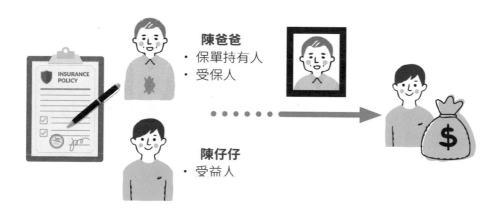

陳爸爸
- 保單持有人
- 受保人

陳仔仔
- 受益人

但假如有第二受保人，情況將會有所不同。在受保人離世時，第二受保人會成為受保人，理賠便不會發生。以上述的例子為例，假設陳仔仔是第二受保人，萬一陳爸爸（受保人）不幸離世，陳仔仔（第二受保人）就會取而代之成為保單的持有人及受保人，令保單「永續」下去。

備註：以第二受保人方式繼承保單是否涉及遺產稅，視各國家或地區的規定而有所不同，宜及早了解當地政策再作部署。

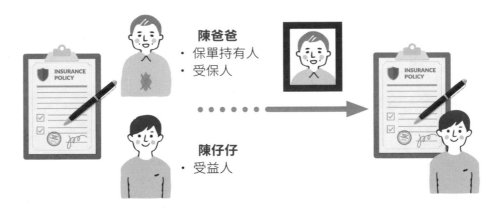

所以，如果自己能力許可，又想送一份禮物給海外子女，與其「送樓」讓稅局分一杯羹，還要處理各樣繁瑣手續，不如購買一份以子女為第二受保人的人壽保險更簡單直接。

「永續」保單變「免稅戶口」

如果送的是物業，子女需要用錢而要出售物業的話，前文已提過要考慮鉅額的資產增值稅。但如果送的是保單，以澳洲為例，保單的紅利及投資收益稱為「Insurance Bonus」，在提取時會當作收入的一種，合併至個人所得稅計算。但根據澳洲的稅法第26AH章（Section 26AH），所有在1982年8月27日後發出的保單，會被定義為合資格保單（Eligible Policy），只要生效達8年以上，保單收益在計稅時會有折扣，而生效10年以上，所有收益都會被豁免徵稅。所以這份禮物愈早送愈好，當保單滾存10年，你的子孫便等於享有一個類似「永久免稅」的戶口了！

此外，普遍資產在持有人離世之後都需要做遺產承辦，如果資產乃至家庭成員分佈於世界各地，「Workload」可以很大，而人壽保險就可以透過「第二受保人」的功能讓保險「永續」，實現財富繼承自動化。

3.5 「企業國籍」要分清

如果你是企業東主，當然希望日後子女會「接班」，但子女的意願又是另一個問題。所以，筆者建議應該及早將實權「送」給子女，讓他們體驗實際工作後，再決定是否繼承生意，萬一子女真的志不在此，你也有較充裕的時間去另請高明。不過，如果子女移民的話，這份「禮」又要如何「送」？現時科技發達，遙距舉行會議和管理等問題不大，但引伸的個人財產受公司營運連帶的財稅影響卻可以很複雜，甚至連公司也有機會「移民」。

以下就以英國為例，嘗試說明「送」一間公司給移民子女的注意事項。

 ### 老闆移民對企業的影響

陳先生是一間食品加工公司的老闆，有兩名兒子。由於公司業務穩定，陳先生亦很看好自己的生意，於是希望提早部署，將公司送給

兒子，讓兒子大展拳腳。目前兩名兒子也是公司董事，大兒子更是董事會主席。陳先生本來希望提早將股份進一步贈予兩名兒子，自己則安心退休。不過，去年大兒子突然移民英國，說是為了子女的教育，未來待一切安頓後再回港，但日子未定。

陳先生心想，反正現時科技如此方便，遙距管理也沒有問題，兒子移民應該對傳承生意沒有影響，可以如預期般安心退休。

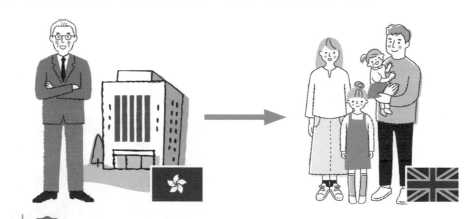

💡 理財建議「公司移民」隨時付雙倍稅

陳先生只考慮公司的管理或營運角度，卻忽略了稅務以及公司的「國籍」問題。公司和個人一樣，也是有「稅務居民」身份的，而公司屬於甚麼國家或地區的稅務居民，主要看以下兩點：

- 公司的註冊地
- 中央管理或監控

陳先生的公司在香港註冊成立，但及後若因為中央管理或監控在英國進行，也可能會令香港公司變成英國的稅務居民，繼而需要繳交英國稅，稅率的差別可接近一倍。

圖表 3.10　英國及香港公司的稅率差別

	英國公司	香港公司
徵稅範圍	全球徵稅	地域來源
企業稅率	19%至 25%	8.25%／16.5%

如何判定一間香港公司會否變成英國公司呢？主要看以下幾點：

- 董事會成員的組成
- 董事會舉辦會議的所在地
- 公司人事任命及管理
- 股東決策權

所以，萬一陳先生的公司被判定為英國公司，而他或大兒子都沒有預料過該情況，就有可能因額外的稅務開支令公司出現資金週轉問題。以上例子只是簡化版，實際的企業稅務更為複雜，可能為公司帶來更多意料之外的開支及問題，有需要的話，記得及早諮詢相關專業人士。

所以，假如你的子女有意移民，你又打算將公司送給子女，即使只是送一部分股份，讓子女任職公司的董事、管理層或主要股東等，也有機會令公司的稅務身份變更，宜及早諮詢相關的專業人士。不過，說到底，若子女真的有心接班，只要及早商量部署，很多問題都能夠解決。但子女想移民，又無心接班的話，就不要為了「出份糧」讓子女在公司佔據要職，以其他方式協助他另謀發展可能更好。

3.6 另類送禮「講心唔講金」

來到本章結尾，筆者想強調，本書提倡「生前贈與」，指的是在自己的能力和條件許可的情況下，用盡手上財富，使兩代也獲得最大的經濟價值和滿足感。簡言之，即是先安排好自己的「享富」退休生活，再將有餘的財富為子女盡一份心。但說到底，這也是一份心意，而心意不一定要送「真金白銀」。對於已移民的子女而言更是如此，自己人在外地，未必能經常關心和照顧香港的父母，如果知道父母生活不順，難免牽腸掛肚。相反，如果父母安享豐盛退休的「第二人生」，甚至不需要自己的金錢支援，自然能更放心去「闖天下」，全心發展自己的事業。

所以，有時父母不用送子女太多財富，最重要是照顧好自己，過得開開心心，對子

女而言，已經是一份非常珍貴的「贈與」了。以下藉兩個筆者所遇過的移民家庭例子，帶出另類的「送禮」思路。

希望子女「留一手」的真正原因

黃先生（35歲），年輕專業人士，決定移民英國，希望移民前沽出手上的香港物業，避免未來的稅務煩惱。不過，留港退休的父母表示反對，認為留下香港物業可以為未來回流「留一手」。由於當年置業時，父母曾提供支持，理應在處置物業的決定上獲得尊重，雙方各有各的理據。

後來，黃先生聽從筆者建議，回歸基本步，從父母的實際生活入手，嘗試理解他們的想法。只要父母的退休生活開心及安穩，理論上不會介意子女到處闖蕩，為何他們如此在意要「留一手」，背後是否另有原因？

經了解後，兩老現居於中西區一個樓齡較舊的單位，周邊環境以斜路和樓梯為主，不太適合退休人士長遠居住。加上父母手上的流動資金不太充足，擔心如欠缺兒子的支援，是否可以「錢長過命」。

因此筆者建議，雙方的物業可以考慮「交換住」，因為黃先生的單位屬於半新樓，社區生活配套較完善，與其出租要交英國稅，倒不如留給父母居住，亦不用擔心遇到麻煩租客的問題，也算是為未來回流「留一手」。至於兩老本來的單位，當然可以出租，租金更能直接用於支持父母的退休生活，兩老的退休收入因而增加。中間著墨，算是另類的方式，兩代人為彼此「送」上一份關心與諒解。

皆大歡喜開展第二人生

陳太太（65歲），已退休，持有兩個物業，質素及位置較好的一個單位用於出租，比較殘舊的用於自住。為甚麼不讓自己住得好一點？都是最傳統的原因，希望收多一點租，儲多幾個錢給家人。

陳太太有兩名兒子，兩個都準備移民，心中也決定是次移民絕無回流的可能性。但兩名兒子都擔心自己移民後，媽媽的退休生活是否開心快樂？

逐筆者建議，一家人要坦誠溝通，才能達成對彼此都最好的方案。陳太太理解了兒子的意向，便先為自己準備了一份持久授權書，確保日後兩名兒子不在身邊，也有信得過的親戚可以在她卧病在床時，協助處理財務問題。

另外，原來陳太太一直都很喜歡日本，一年去很多次日本旅行。既然已經不用為兒子操心，何不專心尋找自己的第二人生？於是，她

決定沽出較劣質的物業，只保留質素較高的物業用以收租，支持自己旅居日本的計劃。兩名兒子都對此方案大力支持，既為母親找到滿意的生活方式而高興，自己也可以無牽掛地展開移民新生活。

「贈與」是一種心意、是一份關心，千萬不要自己節衣縮食來強行送禮；好好照顧自己，先「享」後「贈」。特別是在移民潮當下，一家人可能分隔數地，彼此間的溝通就更為重要。投資理財勿忘初衷，財富的意義不是紙上數字，而是為了實現自己甚或家人的人生目標。真誠溝通，了解清楚家人的期望及需要，在考慮自身經濟及稅務影響後，為家人送上最有意義的一份禮物。

— 第 4 章 —

檢視你的資產清單

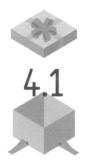

4.1 明天和意外，哪個會先來？

在「享」和「贈」之後，中產甚至是中產以上的家庭，應該仍然有不少資產在手，打算百年後將這些資產傳承給子女，是人之常情；但普遍人的想法，都是覺得待自己年過八十，或者當健康響起警號時，才開始考慮「傳」的規劃。但不諱言地說，沒人知道明天和意外哪個會先來。萬一真的出現意外狀況，手上的「資產」突然變成「遺產」，你如何確保「遺產」能順利交到子女手上？再者，當子女收到這份「遺產」，你如何確保所傳承的是財富，而不是一份煩惱，甚至是一筆負債呢？

應該在幾多歲考慮「傳」的規劃，甚至擬定遺囑？除非你有水晶球，能預知自己的壽命，否則在理性角度，都是愈早規劃愈好。第一步，先檢視你的資產清單，認知各種資產在遺產處理上的特點，提早作出相應部署。第一章曾提及在大灣區退休的思路，而事實上，愈來愈多香港人投資內地物業，相信內地物業會在不少人的資產清單上佔一席位。問題是，很少人了解內地的遺產處理制度。以下分享幾個例子，說明釐清遺產處理制度以及提早規劃的重要性。

例子 01 獨生子女亦不能 百分百繼承內地物業業權

內地的無遺囑繼承條例與香港不同，內地的第一順位受益人包括父母、配偶及子女，而香港法律則優先集中於配偶及子女。

假設陳先生夫婦只有陳小明這位獨生子，他們擁有內地物業，但沒有遺囑。如陳先生（父親）離世，但祖父母尚在，業權就需平均分配給予祖父母、配偶及子女。同理，當陳太太（母親）離世，但外祖父母尚在，業權則需平均分配給予外祖父母及子女。如此一來，當祖父母及外祖父母一代離世，業權將非常複雜，變成叔叔姑媽及其子女等，各路親戚都可能有份。

有遺囑也可以出問題

如果透過合法程序訂立的內地遺囑，的確是有法律效力的。不過，「有效的遺囑」與「順利執行的遺囑」，可以完全是兩件事。有興趣的朋友可參考內地蘇州公證處網站文章《淺談遺囑公證制度中的一些弊端》，文中明確指出癥結所在：「**公證處要求所有受益人需親自到場接受詢問的規定，導致很多繼承都進入了膠著狀態，沒有成功的轉移到適當的受益人手中。**」

更多資訊

淺談遺囑公證
制度中的一些弊端

http://www.szsgzc.com/case/
lilunyantao/2015-04-24/38.html

試想像一下，你的物業有兩個受益人，其中一人不滿意遺囑的安排，拒絕到內地辦理，又或者他身處外地，無時間回內地辦理，已經會令繼承出現大問題，使另外一名受益人亦遲遲無法接收遺產。

 **要找出死於清朝祖父的
死亡證明才能繼承**

一名家住石家莊的王姓男子，在處理物業轉名時，被要求提供祖父的死亡證明。因為按正常程序，物業繼承需出示物業所有人名下的直系親屬資料，包括父母、子女、配偶等等，能夠證明身份才算完成過戶手續。該男子對祖父根本沒有印象，只好回家查族譜，一查

之下，竟發現祖父是清朝人，當然也就沒有相關的死亡證明了。

以上誇張例子也許聽來有趣，但當發生在子孫身上，他們被迫證明「我媽是我媽」時，可能就不那麼有趣了。

簡言之，只要你持有內地物業，及早擬定遺囑絕對具必要性，因為其遺產處理制度的複雜程度比香港物業高出不少。但即使持有的不是內地物業，而是海外或者香港物業，同樣不能掉以輕心，愈早規劃愈好，接下來的章節會繼續說明。

更多資訊

「阿公清朝人」
相關報導

https://tw.sports.yahoo.com/news/%E7
%B9%BC%E6%89%BF%E6%88%BF%
E7%94%A2%E8%A6%81%E6%AD%B
B%E4%BA%A1%E8%AD%89%E6%98
%8E-%E4%BB%96-%E9%98%BF%E5
%85%AC%E6%B8%85%E6%9C%9D%
E4%BA%BA-164054918.html

> 如果資產種類太多，不知從何檢視，或者怕有所遺漏，可以參考本書附錄（三）的資產清單，去協助你規劃「享贈傳」。

4.2 輕視遺產稅變傳承「負債」

如果你的資產清單上有海外物業，同樣應該優先規劃，因為海外物業的傳承風險肯定比較大。據筆者觀察，很多人都知道海外國家或地區通常設有遺產稅，但提早準備或防範的是仍然是少數，原因之一，是輕看遺產稅的金額，從而忽視支付不起遺產稅的後果可以有多嚴重。以下是一個真實的案例分享。

 ## 富媽媽在最壞的時刻死去

90年代前後，一位經營製造業生意非常成功的女士，在美國夏威夷購買了一個住宅物業作渡假用途，買入價約2,000萬港元。到2008年，該夏威夷住宅物業已經升值至約5,000萬港元，不幸的是，女士於同年因病去世，留下了不少遺產，美國夏威夷物業只是其中之一。然而，她的後人辦理遺產繼承時，卻碰到很大的麻煩：

1. 夏威夷物業的遺產稅金額高達2,000多萬港元；

2. 女士一家雖然資產豐厚,但流動資產不足,沒有2,000多萬港元的現金可用於支付美國的遺產稅;

3. 女士離世後,環球金融市場迎來了金融海嘯,股票市場大跌。

最終,女士後人為了支付高達2,000多萬港元的遺產稅,需要變賣手上的其他投資,包括股票,賬面損失達30%以上。這是一個雙重悲劇,後人在面對家人離世的傷痛的同時,更要承受意想不到的財務負擔。撇除沽出股票所引致的損失,表面上市值5,000萬港元的夏威夷住宅,在扣除遺產稅後,後人只有約2,500萬港元「落袋」。

 做多兩步,保障財富傳承

儘管歷史沒有「如果」,但如果:

1. 女士於90年代買入夏威夷物業時,同步買入一份終身人壽保險,對沖遺產稅的影響,保費可能只是幾百萬港元。雖然離世後,後

人都要繳付遺產稅，但至少有一筆理賠現金可用，不需賤賣手上資產。

2. 女士如果及早意識到未能支付遺產稅的後果，在渡假物業可有可無的情況下，可於退休後適時沽出夏威夷物業，套現5,000萬港元，雖然也需就資產增值而納稅，但會較遺產稅輕鬆。離世時，傳承的便是一筆財富而不是一筆稅債。

所以，千萬不要輕視遺產稅，一些國家或地區的遺產稅更可高達55%，隨時被「分一半身家」！

圖表4.1 全球主流國家或地區的遺產稅列表

最高遺產稅／贈與稅／繼承稅稅率	
日本	55%
韓國	50%
法國	45%
英國	40%
美國	40%
西班牙	34%
愛爾蘭	33%
台灣	20%
意大利	8%
保加利亞	6.6%

備註：詳情以官方網站為準

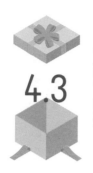

4.3 亂「傳」港樓，家嘈屋閉

講完內地物業及海外物業，現在來説説「港樓」。香港是全球少數沒有遺產稅的地方，後人繼承物業甚至連印花稅都不用繳付，所以從稅務角度出發，遺產繼承甚至比生前轉名更有優勢。

不過，這並不代表傳承港樓不需規劃，甚至子女根本不樂意繼承物業，常見原因有以下幾個：

① 子女想抽居屋或公屋，如繼承了物業便會失去資格；

② 子女有移民外國的打算，如繼承了物業，未來收租或沽出都要繳稅，寧願「折現」。

欠缺規劃，未了解子女意願下傳承港樓，不但可能為子女帶來麻煩，更有機會引發家人之間的糾紛。例如有多名子女，其中一人想抽居屋，卻不願放棄繼承權，認為可以「抽左居屋再算」，遲遲不完成遺產承辦手續，其他受影響的子女便可能相當不滿。如果物業尚未供滿，還將令情況更加複雜。

各自繼承不同資產免爭議

其實凡持有尚欠按揭貸款的物業，都必須考慮離世後的按揭安排。因為在法律上，遺產繼承人需一併承擔遺產的債務，而處理遺產繼承需時，期間就會出現斷供，導致違約。一般情況下，後人可以和銀行協商，銀行會凍結供款戶口，酌情處理直至物業成功繼承為止，並要求願意承擔供款的繼承人、家人或第三者簽署供款承諾書及繼續供款。

不過，倘若遺囑中沒有指明誰負責還款以及還款比例的話，就有機會因權責不清導致家庭糾紛。更甚者，由於需要清還遺產中的債務，遺產執行人只要依照程序，便有權力賣樓套現。因此，有些人會在遺囑中指明運用其他資產來償還按揭貸款，避免走到賣樓的一步。

除了事先在遺囑上列明還款比例，其實父母還可以考慮另一種思路，將繼承遺產流程中出現爭議的可能性減到最低：了解繼承者們的意願後，將財富平均分配，但採取一人繼承一種資產的方式來處理。例如某物業價值500萬港元，而按揭額為200萬港元，即其淨值為300萬港元。如果想平均分配給兩名女兒，可安排大女兒繼承100%物業，小女兒則繼承其他資產，例如存款、投資及保險賠償等，總值同樣為300萬港元。

模擬個案 遙距管理物業不慎惹官非

陳小姐已移民英國，及後繼承了媽媽遺下的香港物業，由於異地管理物業相當不便，遂委託了一名親戚代為放租，但親戚的生活亦很繁忙，除了代陳小姐收租外，已無暇兼顧其他事項，包括物業的驗窗及僭建爭議等等，更粗心地將相關信件當垃圾扔掉。

 理財建議 子女移民不如折現港樓

如果陳小姐的媽媽知道女兒有意移民，不希望遙距管理香港物業，又無可靠的親友或公司代為管理，不如考慮將物業善價而沽，將心意「折現」，免卻不必要的麻煩。例如在上述個案中，陳小姐無視由屋宇署發出的信件甚至頒發的法令，後果可大可小，除了可能引致物業被釘契之外，還可能因此惹上官非。

順帶一提，陳小姐亦可以利用網上工具，協助遙距管理物業。例如訂購由土地註冊處推出的「物業把關易」服務，即使人在海外，亦能輕易掌握其香港物業狀況。每當有影響用戶物業的文書遞交予土地註冊處註冊，以及當文書的註冊工作完成

後，土地註冊處便會向用戶發出電郵通知書。若物業涉及預期之外或可疑的文書交付土地註冊處註冊，業主便能及早發現並迅速採取跟進行動，及/或徵詢法律意見。更多有關港樓及理財規劃資訊，可以參考本書作者之一李澄幸的《港樓變薪術》。

所謂「家家有本難唸的經」，現實情況，還遠比以上例子複雜得多。亂「傳」港樓給子女，你以為傳的是財產，在子女眼中可能只是爭議與麻煩，最壞情況是家人從此不和，甚至更極端鬧出人命。所以不要以為本地物業沒有稅，就不用提早規劃遺產，隨時「傳左層樓，散左頭家」。

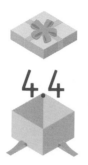

4.4 海外金融資產的傳承盲點

連續幾個章節集中討論了傳承物業的重點，接下來看看其他資產。輕視遺產稅的後果，在章節4.2已經探討過，但不少人都有一個錯誤觀念，以為遺產稅的影響只限於海外物業，卻沒想過海外的金融資產也有遺產稅！尤其近年「高息時代」重臨，銀行定存也可能享受到不錯的利息，加上海外置業或生活的需求，擁有一個離岸銀行賬戶已經變得相當普遍。另一方面，經歷了幾年市場波動，愈來愈多香港人都轉移陣地，涉獵投資海外市場，例如美股，擁有海外投資戶口亦很平常。

如果你的資產清單中包括這些離岸戶口，或者海外投資戶口，就要了解清楚相關的稅務安排，以下是其中兩類比較常見的帳戶，很多人都忽略了它們的遺產稅問題。

❶ 英國銀行帳戶

如果你不是英國的稅務居民及居籍，只是在英國擁有一個銀行戶口，且在英國沒有存款利息以外的收入的話，那麼存款利息是不用報稅的。不過，銀行存款與遺產稅的關係卻必須注意。

關於英國銀行賬戶內的存款，在賬戶持有人離世後是否會引伸遺產稅，其中一個依據是賬戶內的存款幣種。通俗一點來說，在英國銀行帳戶中的非英鎊存款，並不會引伸遺產稅。如果存款為英鎊，則會被納入稅網。假設你沒有任何其他英國資產，那只要存款的英鎊總值超過了遺產稅的免稅額，就要支付遺產稅。參考2023/24年度，相關的遺產稅免稅額為32.5萬英鎊。

所以，如果你因子女移民，或於英國置業等原因，開立了英國的銀行戶口，又存放了英鎊的話，就要注意了。假如你還有其他英國資產，例如英國物業，在規劃傳承時，必須加倍小心。更多有關英國資產的「慳稅」部署，例如「7 Year Rule」有甚麼限制，可以參考本書作者之一李澄幸的《移英財稅七步走》。

❷ 美國股票帳戶

香港很多銀行及證券行都有提供美股買賣服務，通常開設的都是本地帳戶，但近年有一些美資證券行，讓香港人也能開立美國股票帳戶，並宣稱只需低廉成本便可讓資金起「離岸」之效。不過，無論你

開設的是否這類「國際版」美股戶口，都需要留意遺產稅的問題。

假如你不是美國人或美國稅務居民的話，在美國稅局眼中你是非居民個人（Non-resident Alien），並不需支付美股的資本增值稅，因此不少香港投資者以為，買賣美股涉及的稅款只有股息預扣稅，如果自己不是「收息一族」，更不會在意相關稅項。但當非居民個人離世，美國資產（US situs Asset）包括美國股票，總額超過6萬美元以上就需要繳納遺產稅。一般而言，只有港股預托證券（ADR）及美國國庫債券等資產才可獲豁免。

舉個例子，陳先生開立了一個美股戶口，並存入50萬美元，全數買入美國股票。由於投資有道，資金於增長至100萬美元。數年後，陳先生不幸離世，他的繼承人如果想取得遺產，就要填寫表格706NA申請，並需繳付遺產稅。參考2023/24年度，相關稅率為18至40％，陳先生總值100萬美元的美股資產，遺產稅可高達30萬美元以上。

所以，如果你持有美股戶口，記得提早了解清楚相關的稅務影響，相信在傳承方面將會少一點煩惱。

4.5 金銀珠寶花落誰家

黃金是香港人喜愛的投資品之一,就算你不投資黃金,華人傳統於結婚或小朋友出生喜慶之時,長輩往往送贈金器。但原來,如何存放這些金條或金器,對於遺產傳承也有影響。

在香港無遺囑條例下,配偶擁有非土地實產(Personal Chattel)的絕對權益。即包括你們任何居所中的家具、衣服、裝飾品,屬家庭、個人、康樂或裝飾用途的物品、各類消費品、園藝物品及家畜等。所以,假如沒有訂立遺囑,家中的金條、金器,甚至是名錶和名畫等,全歸你的配偶所有。所以,如果你是名錶和名畫的收藏者,又有希望傳承的對象,宜及早撰寫遺囑,另外可能需要比一般金融資產撰寫得更鉅細靡遺。

香港某大型電視台曾經報導過一宗家庭爭產案，兄弟姊妹間互相指控，其中一些指控就是與黃金有關，比如指控某家庭成員私自取走家父床頭櫃的一批金銀珠寶，又偷走父親保險箱中 300 兩黃金及 90 件金飾。為避爭不必要的爭議，可以考慮不要將有意傳承的金銀珠寶擺放於家中，例如存放在獨立的銀行保險箱並詳列相關清單更佳。

「金」唔怕舊，最緊要受

大家小時候可能都聽過長輩說「買金保值」、「買金避險」，相關的傳統觀念與投資智慧，亦傳承了給下一代，使「買金」熱潮歷久不衰。但在「寸金尺土」的香港，呎價隨時比金價更高，那應該買多少黃金，才能理性地保值、避險？

① 適量買金平衡股票組合風險

環球金融市場自 2020 至 2023 年疫情期間，經歷了不少動盪，而每當股市不穩，便會出現大量「買金保值」的聲音，這數年間的黃金價格便有約四成的升幅，甚至於 2023 年底創下金價歷史新高。可見，黃金的一大功能是平衡股票組合的風險。如果進一步翻查歷史，會發現黃金普遍和股票市場呈反向關係：

圖表 4.2 MSCI 世界股票指數與黃金價格表現

時段	指數 (%)	金價 (%)
1973 年 3 月 30 日至 1974 年 9 月 30 日	-43.38	+79.89
1987 年 8 月 31 日至 1987 年 11 月 30 日	-20.81	+8.62
2000 年 3 月 31 日至 2002 至 9 月 30 日	-48.35	+15.93
2007 年 10 月 31 日至 2009 年 2 月 27 日	-55.37	+18.26
2011 年 4 月 29 日至 2011 年 9 月 30 日	-20.49	+3.84

所以，如果想平衡資產配置，黃金的配置比例一般佔投資組合的 5%
至 25%，視乎個人的風險承受能力。

② 實物黃金以外的選擇

黃金的最大價值在於避險，比如戰爭風險，這也是很多人，尤其是經歷過戰亂的老一輩，鍾情於金幣或金條的原因。筆者不反對投資黃金，但實物黃金，並不是買得愈多愈好，應該買多少實物黃金，其實是有一個客觀標準的。試想像一下，如果真的爆發戰爭，要「走難」的話，你可以帶走多少黃金？大概就是可以放進背包的份量。所以，超過了一個背包的份量，實在無必要再買實物黃金，因為連帶都帶不走，談何避險？

而且今時今日，除實物黃金以外，已有愈來愈多的買金選擇。即使鍾情買金，也可以買得更有智慧，例如可以考慮將實物黃金變賣後，再買入「紙黃金」或黃金ETF，將來交易以至傳承都更方便。

4.6 比特幣隨時變失匙夾萬

2023年發生了一宗轟動全港的金融騙案，主角是某個「J字頭」的加密貨幣交易平台，據報約2,600名受害人報案，涉款近16億港元，勾起更多人對加密貨幣的關注。事實上，香港人在加密貨幣上的確走得比較前，曾經有統計向26個國家共389,345人進行調查，指香港在採用加密貨幣方面排名第四。相信可見的將來，只會愈來愈多香港人持有加密貨幣。

比特幣屬加密貨幣之首，所以我們就以比特幣為代表，探討一下傳承加密貨幣的注意事項。比特幣於2009年正式上線，初始交易價格為0.0008美元，一開始並沒有獲得太大的關注，因此在誕生後的一至兩年，比特幣的價格大致維持在0.1美元附近。一位美國工程師曾用「1萬枚比特幣交換2片披薩」，成為了當時最經典的故事，這筆交易也被普遍視為比特幣的第一宗實物交易。折合比特幣的現價（2024年1月比特幣價格約為43,000美元），2片披薩等於3億美元以上。

比特幣未來是否仍然可以升值幾萬倍？沒人知道。不過，如果你看好比特幣，打算長期持有，就必須知道比特幣在財富傳承上，是有很多限制和盲點的。據加密貨幣機構 Coincover 估計，有數百萬的比特幣停止了流通，其中很大部分可能是由於持有者去世所致。

傳承「不能說的密鑰」

作為一個分布式網絡，比特幣具匿名性，亦沒有控制用戶資金的中央管理機構，所以只有持幣者本人才能控制自己的資產。故此，如果持有人離世且沒有主動留下「線索」，資產和跌落了大海是差不多的。

比特幣一般存放於線上錢包，而錢包憑「公鑰」和「私鑰」認證，概念類似我們其他電子錢包的「帳戶」和「密碼」。「公鑰」是一個對應的公開地址，用於接收比特幣，而「私鑰」是一組只有錢包持有人才知道的密碼，用於識別和驗證所有比特幣交易的所有權。由於沒有中央管理機構，所以若錢包持有人離世，後人將無法「忘記密碼」取得私鑰。此外，私鑰並不是由錢包持有人自訂，而是在註冊錢包時隨機生成的一大串英文字母或詞語，所以後人不可能「靠估」取得私鑰。

所以，傳承比特幣予後人，重點就是要保管及傳承私鑰。問題是，如何「傳」？

遺囑太多「經手人」

最傳統的傳承方法，當然是寫遺囑，但如果你將私鑰或助記詞等寫於遺囑，那任何閱讀過的人都有可能因此而登入你的錢包，拿到你手上的比特幣。問題是撰寫遺囑及於身後執行遺囑的過程中，恐怕會有很多人「經手」，萬一比特幣真的被偷走，恐怕亦難以追兌。

「消失」的交易所

將比特幣保管於交易所，理論上是辦法之一，部份交易所會在帳戶

持有人離世後，協助繼續人取得原帳戶資產，但根據各交易所或國家法例，又可能伸引更多問題。但這已是後話，因為連交易所本身可靠與否，也是一個問題，例如「J字頭」案件的受害人，相信最初都以為該平台很可靠！但以下歷史事件已足以說明，交易所是有機會「消失」的。交易所都消失了，如何傳承？

圖表 4.3　部分知名數字貨幣交易所「消失」列表

數字貨幣 交易所	創辦人／ 主要人物	倒閉／ 破產年份	倒閉／ 破產原因
FTX	山姆・班克曼・弗里德 （Sam Bankman-Fried）	2022	涉嫌欺詐
Gatecoin	Aurélien Menant	2019	經營不善
Mt Gox	Jed McCaled	2014	被黑客攻擊盜取客戶資產
BlockFi	Zac Prince and Flori Marquez	2022	因硅谷銀行倒閉而資金斷裂
Quadriga	Gerald William Cotten	2018	因創辦人離世導致數字貨幣永遠流失
AAX	陳振雄，梁浩明	2022	幕後主腦涉嫌挾帶私逃

「消失」的硬體

單以 2022 年的可統計數字，全球已經有接近 38 億美金的數字貨幣被盜，所以愈來愈多人關心將比特幣存放於線上錢包，長期將資產

暴露於網路上的安全性問題。因此，更多人改為使用借助科技離線
儲存比特幣，專門用於保管私鑰的硬體錢包。不過，硬體錢包的外
型就和普通USB差不多，萬一不慎遺失，這筆財富就永久丟失了。
在英國曾有一位程序員，一不小心就把存有7,500枚比特幣的硬體
錢包當垃圾扔掉了，按2024年初比特幣價格估算，估值大概過億美
元，不過已灰飛煙滅。如果硬體錢包損壞，理論上可以聯絡錢包公
司跟進保養，但錢包公司會否「消失」，又是另一回事了。

發揮你的創意

西方有很多研究，正嘗試為傳承加密貨幣提供解決方案，其中一個

討論度比較高的方法，是將私鑰分開成兩部分，分別寫在兩張紙上，一張紙交給A君，另一張紙則交給B君，A君和B君都是你信任的人，但互不相識。接下來，你在遺囑中交代後人去尋找兩人並回收兩張紙，最終組合起來就可以繼承加密貨幣了！像不像《倚天屠龍記》般的小說劇情？不過，當中有太多變數，例如A君早已遺失紙條，或者B君移民而無留下聯絡方法……當然，還有很多其他形式的建議，不過暫時仍未有公認的良好傳承辦法，相估需要更多時間，藉科技發展和時間驗證，才會有所定案。

當然，如果你願意放棄「Not your keys, not your coins」的信念，隨著美國證監會於2024年初批准現貨比特幣ETF上市和交易，未來也許有更多的選擇去持有加密貨幣並減低傳承上的不確定性。

— 第５章 —

善用工具「定向傳承」

5.1 有立遺囑也可問題多多

上一章介紹了各種資產的傳承要點，但即使有心提早規劃，無奈世事常變，計劃總可能趕不上變化。所以，本章會進一步帶出「定向傳承」，藉各種理財工具或方法，例如聯名持有資產、保險和信託等，確保指定的人能傳承到指定的財富。要留意，不要以為準備好遺囑就等於「定向傳承」，以下用一個簡單例子說明。

模擬個案 退休夫婦同時意外身亡

張先生65歲，張太太60歲，夫婦兩人已退休並喜歡周遊列國，卻在一次旅行不幸遇上空難，雙雙離世。

沒有遺囑

根據無遺囑條例，如果無法從其死亡的情況確定誰先離世，則視對方猶如並非在世。所以，張先生的財富將分配予張先生的兄弟姐妹，而張太太的財富將分配予張太太的兄弟姐妹。

 ## 有遺囑

張先生夫婦早已訂立遺囑，並互相指明對方為受益人。根據物業轉易及財產條例，若無法從其死亡的情況確定誰先離世，將推定是按年齡由長至幼的次序死亡。由於張先生較為長，他的財產會首先由張太太繼承。假如在遺囑中沒有剩餘遺產條款或尚存者條款等機制的話，財富便會全數按照張太太在無遺囑的情況下分配。

 ## 有遺囑亦會掛一漏萬

當然，夫婦雙雙意外離世的概率是很低的，但從以上例子可以看到，即使有寫遺囑，也有機會出現各種意想不到的可能性，尤其是「自書遺囑」，更可能隱藏了各種漏洞而不自知。因此，必須諮詢專業的律師意見。

那麼，是否只要有專業律師協助撰寫遺囑，就保證「萬事大吉」呢？

遺囑或有地域限制性

香港很多家庭在世界各地也有資產，之前的章節亦已討論了海外資產在傳承上的一些稅務要點。但除此之外，不同國家或地區對遺產繼承及遺囑訂立都可能存在不同的法律要求，即使在香港已立遺囑，也未必適用於其他國家。稍一不慎，隨時導致後人無法繼承相關資產。

圖表 5.1　部分國家繼承當地物業的遺囑法律要求

英國物業	香港法庭簽發的遺產承辦書可在英國加簽，繼承資產的過程不算複雜，惟要留意高達 40% 的遺產稅。
泰國物業	遺囑須經泰國法政部門認可，否則有機會失效。
加拿大物業	遺囑須經官方認證，確認真實才可生效。
澳洲物業	遺囑須向當地法院申請認證，方可執行。

「判官」難審家庭事

如果遺產中不涉及海外資產，是否就可以簡單處理，在遺囑上清楚表達了自己的傳承意願，日後就能「安心上路」？在現實中，常見的情況是立遺囑者已離世，遺囑內容卻和後人的期望不一致，大家各執一詞。但逝者已逝，如何出面調解，釐清自己當初的分配初衷？莫非要「問米」？如果未能「問米」，後人可能會為財反目，甚至要對簿公堂，無論判決如何，成頭家「散晒」則是必然的結果。

曾經有這樣的一個案例，某朋友在身後遺下一個物業給兩個兒子，根據遺囑，物業業權由二人平分。由於當時正值疫情，物業難賣出，更難賣得好價錢，因此弟弟認為應該先出租，日後再待價而沽。但哥哥因生意週轉問題，堅持將物業賣出應急，並表示自己身為遺產執行人，有權出售物業。弟弟遂拋出另一建議，可先將物業轉按或加按套現，而毋須急於要賣樓。不過，由於遺產物業未完成「轉名」手續前，是不能申請按揭的，而哥哥因生意急需用錢，所以拒絕了弟弟的提議，認為必須沽出。兄弟二人爭執不斷，最終透過民事訴訟方式解決。這個結果是否朋友寫遺囑時已經預知？相信不用「問米」也知道。

遺囑並非傳承規劃中的「萬能藥」

筆者想分享《史記》中的一個故事：春秋戰國時期，扁鵲兄弟三人都

從醫，但只有扁鵲名氣最高。一天，魏文侯問扁鵲，你們三兄弟中誰是最好的醫生？扁鵲回答，大哥的醫術最好，二哥其次，自己最差。魏文侯追問原因，扁鵲就解釋，大哥替人治病，是在病情未發作之前，大家都不知道他能事先剷除病因，反而以為他不會治病。而二哥治病，是在病情初起之時，防止釀成大病，所以大家都以為他只能治輕微的小病。而我治病，是在病情最嚴重之時，因此大家就認為我能起死回生。但其實像我這樣醫病，即使病人的命救了回來，也已經元氣大傷。

扁鵲三兄弟故事，形象化地說出了醫生的最高境界。其實，遺產處理的原理也相同，最好的處理方法是及早識別有機會出現的問題，防患於未然。遺囑是最常見的遺產處理工具，但若以為單靠遺囑就能藥到病除，結果恐怕令整個家庭元氣大傷。畢竟，人性中存在弱點，爭議永遠會出現，如遺囑的受益人超過一個人，「皆大歡喜」的可能性就更低。

如果希望後人沒有爭議的空間，各自取得應得的遺產，維持家庭和諧，就應該借助合適的理財工具「對症下藥」，防止日後小病變大病，甚至先剷除病因，亦即是「定向傳承」。

5.2 安老按揭「傳」盡舊樓價值

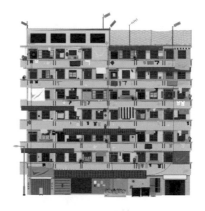

在章節4.3已提及過傳承港樓時,有機會引伸的問題,如果「傳」的是舊樓,問題可能更多。曾經有本地的新聞報導過,香港人的首次置業年齡平均約40歲,若以此開展討論,假設人人都買新樓,期間不換樓的話,百年歸老後留給後人的物業樓齡隨時是60年。

圖表5.2　港樓持有者的年齡與樓齡(模擬情況)

物業持有人的年齡	物業樓齡
40 歲	0 年
60 歲	20 年
80 歲	40 年
100 歲	60 年

當然，以上計算假設了人人買新樓，實際情況可能有分別，但在人口老化，愈來愈長壽的當下，物業會隨著退休人士一起變老，卻是不爭的事實。當舊樓傳到子女手上，必然出現許多物業老化問題，可能反被子女視為麻煩或負擔。

模擬個案 「傳」舊樓抑或折現的兩難

陳先生（65歲），手上有一層收租物業，市值約500萬港元，是樓齡40年的「單支樓」。近日，該收租物業因老化問題，而需要進行大維修，惟業主之間意見分歧，阻力重重。觸發陳先生想起百年歸老後，物業交到子女手上時，狀態恐怕更差，價值降低之餘，又擔心管理及維修等反而引起子女的麻煩。

陳先生考慮過沽出物業，「折現」傳承，但又考慮到自己無其他收入，希望繼續靠租金收入支持退休生活「使過世」。

理財建議 **安老按揭 × 人壽保險 滿足兩個願望**

撇除物業的位置和戶型不說，樓齡當然是愈新愈好，質素欠佳的物業，後人繼承後普遍都是想沽出的，與其如此，為甚麼不在樓齡較新時折現？不過陳先生又希望可以收租過世。其實只要選對理財工具，就可以達到兩全其美，以安老按揭搭配人壽保險是辦法之一。

① 將收租物業申請安老按揭

陳先生可以先將物業申請安老按揭，申請一筆過貸款，舉例150萬港元，同時每月可以領取年金4,074港元直至終身，加上該物業的租金收入，用於支付退休後的各種開支。申請安老按揭後再將物業出租，每月獲得雙重現金流（年金＋租金）。有興趣的朋友宜進一步了解相關的條款及流程。比如說借款人已持有物業1年或以上，以及借款人聲明已經退休或因接受長者或醫療護理服務而需要遷出物業。

② 所得一筆過貸款用於認購人壽保險

第二步，陳先生可將從安老按揭所得的一筆過現金150萬港元，用於認購人壽保險，以坊間某保險公司的人壽保險為例，假設活到95歲，150萬港元的現金價值將滾存至約520萬港元，他日變相「折現」傳承。

陳先生的例子，示範了巧妙地將不同的理財工具結合使用，將可實現各種意想不到的好處，對陳先生和子女而言，都會是雙贏方案。

再來重溫一下，「安老按揭 × 人壽保險」方案帶來的多種好處：

陳先生不用賣出物業，每月繼續有租收；

除了原有的租金收入，每月再多約 4,000 港元年金收入；

萬一退休後支出超出預期，可以提取人壽保險計劃的紅利應急，或將保單申請保單逆按揭，為退休生活「留一手」；

陳先生百年歸老後，子女可選擇不繼承物業，但可獲得約 520 萬港元的保險理賠，形同將舊樓折現。

5.3 人壽保險保費融資的妙用

上一章節的模擬個案中，陳先生將安老按揭結合人壽保險使用，巧妙地「傳」盡舊樓價值。其實人壽保險是非常靈活的工具，對規劃傳承很有幫助。例如在第四章提過海外資產潛在的遺產稅的問題，只要適當運用人壽保險，不但能防範遺產稅風險，更能令財富傳承錦上添花。

模擬個案 忘記海外物業遺產稅的補救方法

李先生40歲，擅於物業投資，他持有的物業分佈於美國、英國和日本等地，總值約5,000萬港元。李先生的目標是等待物業升值，待「身家」超過1億港元時才沽出物業，將現金留給家人，作為子女日後的投資或創業本金。

李先生投資海外物業時，沒有考慮遺產稅問題，最近才得知美國、

英國和日本三地均設有遺產稅,若自己意外早逝,遺產稅隨時高達 2,000 萬港元,擔心家人沒有能力支付。

為免家人面對遺產稅時手足無措,李先生考慮將 2,000 萬港元存於銀行戶口,但又覺得這一大筆現金不用作投資,浪費了巨大的機會成本。

人壽保險 × 保費融資 保費變相打折

假設沒有遇上意外,李先生距離百年尚有相當長時間,與其將 2,000 萬港元資金閒置,不如選擇更聰明的方案。以今年 40 歲的男士為例,約 400 萬港元保費便可購買一份約 2,000 萬保額的人壽保險。假設李先生不幸早逝,保險公司會進行理賠,為受益人送上現金,如此一來家人便有足夠的資金邀納遺產稅了。

李先生還可以進一步考慮把保單抵押予私人銀行，透過保費融資，向銀行借入280萬港元，意思是可以「三折」投保（即120萬港元保費），對比淨身故賠償額1,720萬港元（賠償2,000萬－貸款280萬），槓桿超過14倍。

當然，借貸是需要付利息的，讓我們來計計，李先生在甚麼情況下才「借得過」。

憑融資贏「息差」

先澄清一下，善用保費融資作遺產稅的風險管理，與坊間流行的按樓做保費融資，是兩個完全不同的概念。前者是專業投資者常用的風險管理手法，後者純粹是由於過去十年間低息環境持續，於是有人想出按樓後做保費融資的方法，去追求所謂的息差，但當借貸息率上升，而投資回報大致維持不變的情況下，便變得無利可圖甚至虧損，某程度有點兒「搵笨」，主要視乎自己對利率環境的預期。

回到李先生的例子，假設未來持續高息，保費融資利息等於5％，280萬港元貸款的每年利息為14萬港元，佔總身故賠償額少於1％。換句話說，只需120萬港元首期，加上每年14萬港元利息，便可釋放2,000萬港元的「購買力」。假設李先生的每年平均投資回報為8%，仍然可享受3％的息差。更重要的是，此安排可以讓李先生投資時無後顧之憂，他朝一日，如意算盤敲響，物業升值逾1億港元，沽出後清還保費融資的貸款，家人仍然享有約2,000萬港元的

人壽保障，為財富傳承錦上添花。

當然，其實單靠人壽保險，李先生已能解決遺產稅問題，保費融資可視為適合有一定經驗的投資者的「追加方案」，活用資金創造最大回報。

人壽保險大不同

為風險管理而做保費融資所挑選的人壽保險，與坊間為追求所謂「息差」而選的壽險並不相同，雖然兩者表面上都是保險產品，但當中存在極大的差異。

第一， 為風險管理而做的大額整付人壽保險，以往在私人銀行的高淨值客戶群非常流行，保障對比保費的槓桿較高，同時健康體檢的要求亦比一般人壽保險較為寬鬆。相反，為了把收益最大化，賺取「息差」而做的保險產品往往是儲蓄保單，當中並沒有人壽保障的槓桿。

第二，在保證身故賠償方面，為風險管理而做的人壽保險，亦會比為賺取息差的保單更高，因為後者需取決於將來保單分紅回報的收益，有機會和預期有出入。

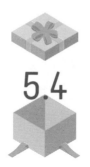

5.4 滿足多重願望的備用信託

2023年底，國內有一宗「爆紅」的遺產新聞，上海市一名獨生女康露（化名）因父母發生車禍，繼承家中約2億人民幣財產，丈夫和她一起處理完父母的喪事後，竟隨即以「個性不合」為由提出離婚，甚至還要求依法分割遺產。章節2.5曾討論過，父母如何在「贈」的同時，幫助子女防守婚姻風險，那「傳」又如何呢？

📎 更多資訊

老公秒提離婚「分身家」的相關報導

https://tw.news.yahoo.com/%E7%88%B6%
E6%AF%8D%E8%BB%8A%E7%A6%8D%
E9%A9%9F%E9%80%9D-%E4%BA%BA%
E5%A6%BB%E7%B9%BC%E6%89%BF8-
7%E5%84%84%E9%81%BA%E7%94%A2-
%E8%80%81%E5%85%AC%E7%AB%9F
%E7%A7%92%E6%8F%90%E9%9B%A2
%E5%A9%9A-013000104.html

設想自己百年以後，你可會……

- 想將財產留給子女，又害怕子女遇人不淑？
- 希望將具紀念性物業留給子女，又怕他們到手後馬上沽出？
- 擔心子女不善生財，想分批留下財產讓他「慢慢搣」？

信託可以幫到你！很多人對「信託」這種工具不太了解，以下藉一個簡單比喻，來說明信託的概念：你和朋友身處機場，朋友突然說要上洗手間，並把行李（財產）交給你，囑咐你見到他太太（指定受益人）時把其行李交給她（信託協議）。在外人眼中，這是你的行李（所有權），但其實你只是受委託「代持」（受信責任），並非行李的實際擁有人。而在你答應朋友的一刻，便產生了受信責任，也就是一個「信託」的成立。

模擬個案 傳承資產的常見憂慮

陳先生55歲，育有1子1女，他名下擁有5層香港物業，價值5,000萬港元。陳先生鍾情於物業投資，亦看好樓市前景，故希望等將來物業再升值後，才傳承予子女。由於擔心自己意外早逝，陳先生亦曾考慮將身業生前贈予子女，但他知道子女都看淡香港樓市，**擔心若太早把物業直接轉讓給兒女，他們會私下出售物業，唯有打消送樓念頭。**

另一方面，陳先生的子女都未結婚，他**擔心將來的家嫂／女婿會覬覦子女的財產**，想在自己有生之年繼續觀察更長的時間，再作傳承決定。

如何公平分配5層物業，亦是一個難題。陳先生曾考慮把物業轉移至公司持有，再以公司股份形式傳式，但如果1子1女各自持有50％的股權，表面上公平，但未來公司的運作或任何商業決定均沒有「絕對的話事人」，雙方意見不合的話，將陷入「Deadlock」的困境。

以「備用信託」一次過解決煩惱

陳先生面對的三大難題，其實可以藉成立「備用信託」一次過解決。備用（Standby）的意思，是現在先訂定信託協議，但並不會即時生效。那麼信託會在甚麼時候生效？答案就是在李先生死亡的時候，透過遺囑把物業資產注入信託，信託才正式生效。

圖表5.3　備用信託的架構

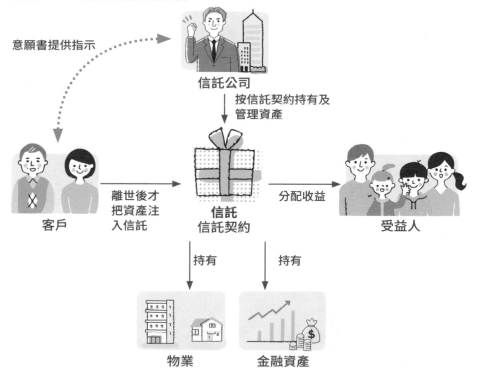

透過備用信託，可以一次過消除陳先生的三大煩惱：

1. 可以設定如何持有及管理物業，將來不用擔心子女違背自己的意願，過早把物業變賣。

2. 可以訂定子女的伴侶為除外人士，防止家族資產外流。

3. 透過遺囑把物業注入信託持有，便可將物業由個人持有轉為公司持有，同時亦沒有額外的印花稅負擔。由於信託可以指定的機制分配5層物業的經濟利益，包括租金收入及升值，避免陷入上述的「Deadlock」困境。倘若家人有自住需要，也可收取市值租金。

配合人壽保險提高成本效益

很多人都以為信託收費高昂，擔心成本效益的問題。但其實「備用信託」於成立人在世期間，並未真正成立，所以維護費用相對便宜，每年收費低至約1萬多港元都頗為常見。真正的信託維護費用，在成立人身故後，信託正式成立時才會收取。

圖表5.4　市場上的信託成本效益參考

	成立費	每年管理費	備註
備用信託 （只注入人壽保單）	約 8,000 至 40,000 港元不等	於 2,000 至 15,000 港元不等	離世後轉為 家族信託
備用信託（多種資產）	約 40,000 至 120,000 港元不等	約 15,000 港元	離世後轉為 家族信託
家族信託 （不可撤銷的酌情信託）	約 120,000 港元 或以上	約 120,000 港元 或以上	

如果想進一步提高信託的成本效益，可以考慮結合人壽保險，將人壽保險的賠償注入該備用信託。舉例，陳先生可以投保500萬港元的人壽保險，利用保險保費遠低於保額的特性，創造資金應付將來至少數十年的信託管理費用，如此一來，物業與資產的收益便可以全數歸於子女們及後代，解決信託管理費蠶食回報的問題。

圖表5.5　市場上的保險成本效益參考（以55歲非吸煙男士為例）

	保費	賠償金
一筆過整付人壽保險	約 140 萬港元	500 萬港元 + 分紅
10 年繳付人壽保險	每年約 35 萬港元	500 萬港元 + 分紅
20 年固定保費定期壽險	每年約 4 萬港元	500 萬港元

相信大家從本章的各個例子中都會發現，原來將多種不同領域的理財工具（例如安老按揭、信託、遺囑、保險、融資）綜合運用，往往能達到更佳效果，例如以相對更合理的成本便能達成心願，事半功倍。

5.5 留下只升不跌的投資組合

某財經主播曾以15秒讀出逾130字的免責聲明，提醒大家注意投資「可升可跌」，速度之快實在技驚四座，平均一秒讀9個字，「紅爆」多個網上討論區。投資「可升可跌」，相信沒有投資者會反對，但很多人卻忽略了當中的「升」與「跌」對資產傳承的影響。

以美股為例，美股平均每1至2年都會出現一次約10％的調整，每約5年會有一次約20％的調整，每10年則有機會出現一次「股災」。假設你手上有一個價值1,000萬（港元，下同）的股票組合，以為等於留下了1,000萬給家人，但不要忘記，投資是「可升可跌」的，家人最終收到的可能是800萬，也可以是500萬，當然也可以遠高於1,000萬。

你樂意將半生累積的財富，以這種「碰運氣」的方式傳承嗎？

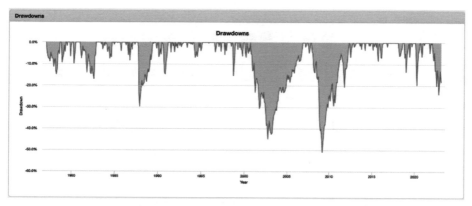

以港人熟悉的美股市場為例，在 1977 年至 2022 年間，
每隔大約 10 年便會出現一次大跌浪。

模擬個案 在金融風暴下傳承股票組合

陳先生60歲，育有1子1女，希望透過遺囑規劃傳承，按市值平分資產。由於兒子已經成家立室，所以陳先生在遺囑內指定把價值2,000萬港元的物業給予兒子，同樣價值2,000萬港元的股票組合則指定給予女兒。儘管子女們未有知悉遺囑的詳細內容，但陳先生一直跟他們說是公平分配，因此子女都無異議。

不過，當陳先生離世時，不巧遇上金融風暴，物業價值跌了10％，但股票價值跌了40％，子女二人的實際到手金額相差達600萬港元，女兒更認為如此分配毫不公平。

藉「變額萬用壽險」無懼市況升跌

如果把目光放遠到海外，在離岸註冊地的保險公司，例如馬恩島或新加坡，有一種保險名為「變額萬用壽險」（VUL-Variable Universal Life），非常適合陳先生用於傳承股票組合。

「變額萬用壽險」的原理非常簡單：有別於傳統保險必須繳付現金保費，變額萬用壽險接受以金融資產，例如股票、債券及基金作為保費。陳先生可以將價值2,000萬港元的股票組合直接過戶轉移給保險公司，然後保險公司會為陳先生開設獨立的子帳戶，並委任陳先生作為這些子帳戶的投資經理。如此一來，陳先生在世時，仍可以如常自由操盤，投資保單內的資產；當離世時，女兒（即保單的指定受益人）就可獲得股票戶口價值及身故賠償。

圖表5.6　變額萬用壽險的運作原理

不同市況下的傳承結果

陳先生將2,000萬港元的股票組合「化作」保費，利用變額萬用壽險，提供額外1,000萬港元保障。最終視乎離世時的市況，可能出現兩種傳承結果：

可能性①：陳先生於經濟衰退下離世，投資組合跌至1,000萬港元，保險公司仍然會提供合共2,000萬港元的理賠予受益人，即最終女兒的到手金額為2,000萬港元。

可能性②：陳先生於經濟蓬勃下離世，投資組合升至3,000萬港

元，保險公司會提供合共3,000萬港元的理賠予受益人，即最終女兒的到手金額為3,000萬港元。

當然，變額萬用壽險亦是需要每年支付「保費」的。以市場上某一公司的變額萬用壽險為例，基本費用包括以下三種：每年0.2％的行政費用，首1至8年每年1.9％的保單費用，以及可能隨投保人年紀而上升的人壽保險成本。

另外，由於以上提及的變額萬用壽險不屬於本地保險，因此希望利用此工具的朋友在現行法規下（截至2024年1月），需擁有800萬港元以上的流動資產，並簽署專業投資者聲明及更詳細的財富來源聲明才能做到。有需要時，記得提早諮詢專業人士意見。

縮短投資「空檔期」免影響回報

想最有效地傳承投資組合，將「碰運氣」的成分降到最低，還有一個必須考慮的重點，就是傳承時的「空檔期」。

試想想，假設你持有一手「蟹貨」，等了多年終於遇上百年難得一見的大牛市，手上的股票全部升至十年新高，你滿心歡喜準備沽出，以為可以留給子女一筆豐盛的財富，卻突然病逝。雖然有遺囑，但遺產繼承程序短則一年半載，長則三數年或以上，子女收到股票時，牛市早已遠去……

為免錯過買入或賣出時機，影響投資回報，遺產繼承導致的「空檔期」當然是愈短愈好。如何能夠做到？以下是兩種簡單思路供參考。

① 善用具繼承功能的投資戶口

市場上已逐漸有更多平台推出具繼承功能的投資戶口，例如以下是一個新加坡背景的投資平台所提供的解決方案：

圖表5.7　具繼承功能的投資戶口原理

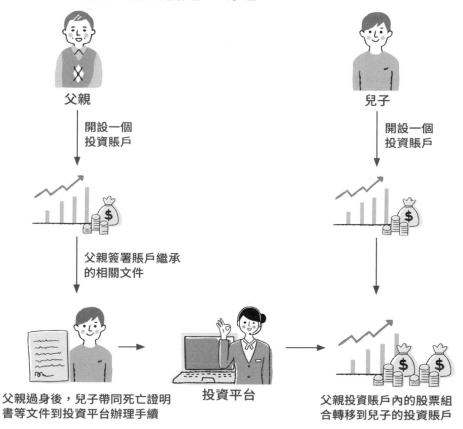

父親　　　　　　　　　　　　　　　兒子

開設一個　　　　　　　　　　　　　開設一個
投資賬戶　　　　　　　　　　　　　投資賬戶

父親簽署賬戶繼承
的相關文件

父親過身後，兒子帶同死亡證明　　投資平台　　父親投資賬戶內的股票組
書等文件到投資平台辦理手續　　　　　　　　　合轉移到兒子的投資賬戶

如果有意使用這類戶口，記得在開戶前了解清楚投資平台的背景與戶口詳情。

② 善用投資相連保險

通俗一點來說，投資相連保險像港式「鴛鴦」，是基金和保險的混合體。投資相連保險內有一個投資組合，可投資各種基金，受保人身故時，保單持有人與保單指明的受益人可直接獲得身故賠償，所獲得的賠償等於投資組合的價值，加上約 5％ 的人壽賠償金額。這樣設計的好處在於快速進行理賠，後人可以馬上收到現金再做「Reinvest」。

> "
>
> 「變額萬用壽險」與「投資相連保險」的主要區別：
> 1. 投資相連保險的基金投資選擇，是由經由保險公司篩選；而變額萬用壽險則是投資於銀行可接受的資產，靈活度變相較高。
> 2. 投資相連保險只能以錢來繳付保費，而變額萬用壽險則可用股票、債券或基金等資產，透過轉戶形式來繳付保費。
>
> "

沒有免費的午餐

收費方面，市場上投資相連保險的常見收費形式，是首 5 年每年約 1.5％ 的行政費，及投資組合管理費用約 1％。基金轉換是免費的，

而保險費用則視乎是否選取高保障型的產品，最低可以為零。有些人說投資相連保險收費高，就看你如何比較了。如果和某些標榜「零佣金」的網上平台相比，收貴當然是比較貴，但如果和銀行比較，在銀行買賣基金通設有首次認購費用及轉換費用，收費由1%至5%不等，和投資相連保險相約。若每年轉換基金多於一次，則投資相連保險的收費會更便宜。

但說到底，這收費是否真的「貴」，只是因人而異，如果你認為它能幫你免卻遺產處理所帶來的煩惱，這個費用就有價值，情況如銀行的保管箱一樣，你也可以在家中安裝一個保管箱，完全不用支付年費，但是仍然會有人選用銀行的保管箱一樣，關鍵仍然是你需要甚麼？不單單是價格的問題。

― 第6章 ―

無子女下的「享贈傳」

6.1 沒有後代也讓愛傳開

不想結婚及不想生小孩的朋友愈來愈多，但也不要因為沒有配偶、沒有後代，就只顧「享」，而完全忽略了「贈」與「傳」。除非你能確保自己能在離世前的一刻，剛好把所有財產花光，否則，你的財產於身後終有一個去處，以下是兩個最大的可能性。

❶「益」了銀行

銀行於存戶離世後，如果未有收到相應的遺產處理指示，其實是不知道存戶已經離世，即使賬戶已經「不動」多年，同時基於私隱理由也不便公開「尋人」，最終這些存款可以永久累積於銀行體系當中。

❷「益」了不法份子

2021年，發生了一宗相當轟動的「呃樓案」，涉款逾6,000萬港元，更有法律界專業人士涉嫌參與其中。根據當時的報導，該詐騙集團針對已離世的原業主或已移民的空置單位，以假身份證宣假誓補領樓契後，透過抵押申請貸款或出售，涉及8個單位，據悉，當中4名業主已離世、一人已移民、一人如果仍然在生可能已有128歲高齡。

所以，即使你沒有子女，比起將財富白白送給銀行甚至不法份子，不如積極一點處理，將財富「贈」或「傳」得更有意義吧！綜合筆者的經驗，沒有子女的客戶最常見的關心對象是「晚輩」，包括侄兒、侄女、外甥或外甥女等，但這些「晚輩」通常都是年紀很小，未必適合過早持有大量財富，那應該如何規劃傳承呢？

模擬個案 疼愛姪女同時提防好賭兄弟

張先生（50歲）和張太太（45歲）屬高收入人士，正準備提早退休。儘管他們沒有子女，卻非常疼愛兩名姪女，希望將自己用不完的財

富留給她們，不過張先生知道自己弟弟個性好賭，故一直猶豫知該如何部署。

 先「贈」小禮再分批「傳」大筆財富

首先，在「贈」的方面，如果張氏夫婦想支援未成年姪女，但又不想有錢過弟弟手，最直接的方式是直接為她們支付各種興趣班和補習班，甚至是大學學費。但即使姪女剛成年，始終入世未深，如直接將大筆財富交予給她們，可能會遭「壞人」眼紅而引起悲劇。

例如在2023年有一宗轟動台灣的新聞，台中市有一名擁有5億新台幣資產（折合約1億2千萬港元）的18歲高中生，與一名同性26歲男子結婚2小時後，離奇自10樓墮樓身亡，家屬認為疑點重重，懷疑有人謀財害命。至於一名高中生為何擁有高達約1億2千萬港元的資產呢？原來他繼承了父親的30筆不動產。為免「愛你變成害你」，將財富分批給予姪女可能是更佳的做法。

善用人壽保單充當「免費受託人」

傳承的最簡單方法，是張氏夫婦透過遺囑把資產給予姪女們。不過，當中有其盲點。若傳承時姪女們尚未成年，遺產便需要交予其父母託管，直到她們成年後才將金額交還。但「託管」期間，萬一弟弟胡亂動用該筆款項，令姪女們的利益受損，都只能等將來她們成年後用法律途徑追討，結果難言樂觀。

應對以上風險的其中一個方法，是張氏夫婦透過遺囑，在身後把遺產注入由專業信託公司管理的信託。由於信託只是「備用」性質，設立並管理遺囑信託架構的市場收費相對較低。此外，張氏夫婦更可以訂明信託在姪女成年並能成熟理財的年紀終止，屆時把資產全數贈與給她們。

假如不成立遺囑信託，某些人壽保單具備以下兩個內置功能，能達到類似的效果，張氏夫婦亦可善加利用：

第一，選擇分期支取賠償的方式分配給受益人。在分期賠償的規則下，保險公司「免費」充當了受託人的角色，即使在姪女們未成年的時候已經支付賠償金，被挪用的「損失」金額亦可以透過每年支付多少而控制。

第二，直接指定賠償的首次領取日期為姪女們成年之後。如此一來，在張氏夫婦離世後到指定的賠償日期中間的真空期，保險公司同樣「免費」充當了受託人的角色。

6.2 別讓寵物淪為孤兒

問大家一個問題，你可知道香港有多少寵物貓狗？根據香港政府統計處於2018年的統計，答案是超過40萬隻，相信數字仍在不斷增加。隨著香港人的價值觀與生活型態的轉變，很多人家中沒有子女，但都會有「主子」或「毛孩」。

無論有多捨不得愛寵，通俗一點來説，寵物很多時在法律上只被視為「物件」，難以直接繼承主人的遺產。但身為主人，當然希望寵物於自己身後繼續得到妥善的照顧，若然自己獨居，就更要事先安排好，以免寵物被護理署接手。但要如何安排呢？

高端主人可考慮於海外成立信託

把 Chanel 品牌重新激活並發揚光大，人稱「老佛爺」的時尚設計師 Karl Lagerfeld 身家豐厚，同時亦是愛貓之人，甚至想過和愛貓 Choupette 結婚。他透過設立信託照顧愛貓 Choupette，讓牠維持著有保姆、保鏢、私人飛機、私人廚師、獸醫照料，起床後有人為牠梳毛、按摩、洗眼睛等的豪門生活，Choupette 亦透過繼承而登上世界寵物富豪榜的第6位。同時，由於 Choupette 非常有名氣，據聞牠憑社交媒體的廣告收入，已經足夠照顧自己的豪華生活。

不過，由於香港的信託法只承認有受益人或公益目的的信託，而寵

物並非受益「人」，因此香港的信託未能直接達到照顧寵物的目的，需要選擇其他司法管轄區例如開曼群島等，來設立「目的信託」並委任信託執行人（Enforcer）來實施。這一切將增加執行成本。簡言之，並非中產家庭可以做到。

託付給朋友要留意行政細節

在香港較普遍的做法，是主人於生前通過預立遺囑，指定「遺囑執行人」並授權其運用遺產來照顧寵物。但除了金錢問題，亦需要及早商量一些「行政」問題，以在香港養狗為例，晶片登記人只能是持有身份証的狗主，並擁有相關的權利，包括決定是否讓獸醫做手術等，所以應及早考慮轉換狗主的安排。

更多資訊

如何通知漁農自然護理署狗主已轉換？

https://www.1823.gov.hk/tc/faq/how-to-inform-agriculture-fisheries-and-conservation-department-for-change-of-dog-owner

6.3 為金錢貼上快樂標籤

如果你沒有子女，也沒有寵物，還可以如何將有餘的財富用得更有意義？「用錢換幸福」可能亦是一個不錯的選擇！筆者認為哈佛商學院教授麥可・諾頓（Michael Norton）一項關於金錢與幸福的關係的研究非常有意思。簡言之，研究指出將金錢花在別人身上，例如送禮物給親友或捐獻給公益團體，比起把錢只花在自己身上，能得到更大的滿足。可以說是「施比受更有福」吧！

而事實上，每當發生嚴重的天災或意外事故，香港人經常都第一時間慷慨解

囊，但如果想將財富捐獻給慈善機構，想「傳」得好，真正幫助到有需要的慈善機構或團體，當中其實暗藏學問。筆者都參與過慈善機構及非牟利組織的管理，可以分享一些非牟利機構在管理金錢上的痛點，大家就會明白，錢不是捐得愈多就一定愈好。

痛點 01 可持續性或比銀碼更重要

對非牟利機構而言，突然收到一大筆捐獻，可能是好事，但也可以是煩惱。舉例，某位善心人在遺囑中指定對某機構捐款 1,000 萬港元，當他離世後，機構就突然收到了 1,000 萬港元捐獻。理所當然地，機構應該開展新項目為受眾服務，但項目規模該如何呢？規模太細似乎用不盡資源，太大又怕幾年後無以為繼，比如今年送出 10,000 個「福袋」，明年受眾可能就會期望也有 10,000 個「福袋」。所以，每年 100 萬港元的持續捐獻，有時會比一筆過的 1,000 萬港元更有利機構營運。

痛點 02 資金太多未必能有效利用

當非牟利機構的收到的捐獻愈來愈多，你覺得他們會如何管理？會否像我們個人管理財富一樣，拿去投資從而「錢生錢」？普遍來說是很難的。很多時候，由於他們的服務性質，創辦之際已經在組織及章程中限制了資金的運用方法，某些機構根本不能做股票或基金類型的投資。再者，就算章程許可，但投資需委任投資經理，或尋

找投資顧問，那麼又有沒有利益衝突的問題呢？投資有風險，萬一虧損了呢？再者，機構的錢都不是自己的私人財富，機構的董事局、理事會等決策成員，大多傾向避免參與這些吃力不討好的艱難決定。結果，不少機構只是把錢放在銀行，進取一點就通過決議做些定期存款，僅此而已。

所以，對於慈善機構來說，突然收到一大筆金錢，不一定是好事，甚至極端情況，有些機構可能會因為「太有錢」而被外界質疑，影響公眾對其印象。如何可以「傳」善款傳得更有計劃？以下的模擬個案可供參考。

模擬個案 想分期捐獻但信託太貴

陳先生（60歲，單身，已退休）資產豐厚，每年的被動收入近100萬港元，足夠退休有餘。由於沒有後人，陳先生認為與其在身後將財富「益」了一些不相熟的「疏堂親戚」，不如捐出去給慈善機構更有意義。他手上有500萬的資金可用於捐贈，相比一筆過捐款，他更希望可以支持機構更長的時間，他了解過成立信託是可以滿足他的目標，但成立費用高昂，不具備經濟效益。

人壽保險倍大「心意」兼任「迷你信託」

陳先生可考慮用人壽保單的形式進行捐贈，以他的年齡計算，挑選合適的人壽保險，身故賠償金額可達1,000萬港元以上，將「心意」倍大之餘，在漫長的退休生活中，萬一遇上意外或有其他金錢上的需要，亦可以部份退保隨時提款，保持資金靈活。另外，現時有些保險公提供身故賠償「分年支付」的功能，年期可以長達50年，實現可持續捐贈慈善機構，回饋社會之餘，更變相由保險公司託管資產，把陳先生餘下的資金作穩定投資，增加效益，並免卻成立慈善信託的高昂費用，同時達到類似信託分期支付的效果，稱之為「迷你信託」也不為過，值得好好應用。

在本書的尾聲，筆者想分享諾貝爾經濟學獎得主康納曼（Daniel Kahneman）若干年前的一個研究，大意是指當金錢超過了某個數字，能讓人感到快樂的效用會減低，當時有媒體借此表示並不是愈有錢就愈快樂。不過，後來康納曼又有新的研究「推翻」了舊有的結論。其實金錢只是幸福的眾多決定因素之一，難以完全用的數字去衡量，影響幸福感的其他因素還包括社交、興趣、自我認同或滿足等。

希望藉著本書，大家可以對「享贈傳」有更深入的認知，更重要的是學會真正做財富的主人，好好利用金錢，為自己與家人創造最有意義的「富活」時光。

後記：致企業家的一封信

本書的主題是退休及傳承，除了要做好規劃，其實調整好自己應有的心態同樣重要。但筆者深知市場上有一類人，是最難安心退休的，他們就是企業家，特別是「企一代」。事實上，坊間大部分的退休和財富傳承資訊，對象也是以「受薪人士」為主，絕少為「公司老闆」而設。其中一個原因，可能是「公司老闆」由退休到傳承都較為複雜，不似「受薪人士」的職場軌跡般有差不多的規律。不過，香港的確有很多中小企，這些老闆們不應該被忽略，始終有一天，老闆也需要退下來，也有一天會離去。但談何容易呢？

你看多少公司，甚至是上市公司的「企一代」，工作至80歲、90歲仍不言退。不論公司的市值高低或僱員多少，都是老闆們的心血結晶，經營公司所費的心力，可能比養育自己的子女更多。相信所有老闆，都經歷過公司發展初期的「不敢病」，公司開始上軌道後的「行不開」，到公司逐漸成熟後的「放不下」，任何一刻都覺得自己應該親身上陣，主持大局。其實是公司離不開你，還是你離不開公司呢？

企業傳承是國際難題

生意是大是小，沒有絕對的定義，但能夠經營十年以上，幾乎肯定是一盤可以持續帶來現金流的生意，公司老闆們或多或少，都希望可以將辛苦經營而又有利可圖的生意傳承給子女。不過，必須有心理準備，將生意傳承予下一代肯定不是易事。

綜觀全球，家族企業的傳承確實是一道難題。香港中文大學范博宏教授研究了接近250家台灣、香港、新加坡的上市家族企業，發現由創辦人退下的五年前到接班人接手後三年，前後共八年的時間中，這些企業的平均股價下跌約為60％。即代表如果股東在傳承前擁有價值100元的財富，那麼傳承後只剩下40元。連股份流通，業務具規模的上市公司都尚且如此，一般中小企面對傳承的挑戰只會更大。美林證券亦做過一項研究統計，東亞地區的家族企業，只有15％能夠成功交棒第二代，但能繼續順利傳承到第三代的，只剩下

2％。地球的另一端，美國家族企業中，高達三分二的企業最終走上結業的命運。

企業傳承當中的最大難題是甚麼？公司又該如何做傳承的規劃呢？

創辦人離世對企業的嚴重影響

首先，是警惕創辦人突然離世的風險，以及離世後的連帶影響。年紀有些「資歷」的朋友，可能會記得一間名為「金至尊」的金鋪，曾紅極一時，打造了「金屋」和「金廁所」等極具話題之作。金至尊由人稱珠寶界「橋王」的林世榮創辦，他的故事，值得企業東主深思。2001年，林世榮斥3,800萬港元在紅磡建造一間「金廁所」，及以2.5噸黃金建造的「金屋」，不但被列入健力士世界紀錄，更成為熱門的旅遊景點，吸引各界人士參觀。當年林世榮創造的多項經典，令金至尊聲名大噪。直到2008年4月，林世榮因心臟病猝死，金至尊的借貸遭終止及須提早償還，公司短期陷入財困，同年10月，金至尊遭債權人滙豐銀行入稟清盤，隨後香港資源主席黃英豪聯同明豐集

團競投，購入金至尊的珠寶業務，使「金至尊」只剩下上市公司的空殼，最終於2012年遭除牌。

當創辦人離世，對企業的第一個直接影響，就是貸款問題。如同金至尊的例子，不少企業的貸款需個人擔保，而擔保人往往是公司的靈魂，即其創辦人或主要股東。俗語說銀行「落雨收遮」，的確經常發生。一般企業有長期及短期債務，從銀行取得資金發展業務，再從業務的經營利潤還貸款，只要現金流正常週轉，企業便可以持續經營。但是，當創辦人離世，銀行終止借貸並要求償還貸款，正正打斷了企業的資金鏈，導致週轉不靈，就好像一個收入普通的家庭，需要一下子全數償還名下物業的按揭貸款一樣，必定令家庭陷入困境。

「傳」與「承」的期望未必一致

其次，是當創辦人離開，企業的管理及發展問題。

讓我們嘗試站在巨人的肩膀上，去看企業的傳承。股神巴菲特曾作出精闢的見解，他將家族企業傳承形容為「挑選 2000 年奧運金牌得主的長子，參與 2020 年奧運」，足見家族企業傳承的難度。創辦人在某個領域英明神武，就代表其兒女都會在同一領域中英明神武嗎？如果繼續以運動作比喻，相關的例子比比皆是。乒乓球是中國的「國球」，舉世無雙，中國乒乓球協會主席劉國梁，是中國第一位世乒賽、世界盃和奧運會男單「大滿貫」得主，他的女兒打乒乓球厲害嗎？有機會代表中國乒乓球隊嗎？談不上厲害，因為根本沒打，她喜歡打哥爾夫球！公司是很多創辦人的心血結晶，老闆希望傳承心血給一下代，但如果下一代沒興趣，你強迫他去接手，其實是一種災難。

即使老闆願意「傳」，接班人是否真的願意「承」？再者，接班人是否有能力和實力延續企業的輝煌發展？正如剛才乒乓球的例子，即使你一心一意希望把心血及努力的結晶「傳」給下一代，讓子女代自己繼續在乒乓球桌上發熱發光，但子女卻只喜歡哥爾夫球，如何是好？

值得傳承的不止企業

麥肯錫公司曾經做過一項調查，研究美國
S&P 500 的企業壽命，發現隨著科技及社會
的發展，企業壽命越來越短。在1958年，企業平均壽命達到61年，
在 1980 年時已經降低到 25 年，而在 2011 年時則只有 18 年。至時
今日，人的壽命比家族企業的壽命更長的概率只會更高。因此，老
闆們不妨亦改變思維，不要再拘泥於單一公司或企業，而是以整個
家族作為核心，去考慮和規劃傳承。企業其實只是云云眾多家族資
產的其中一部份。除了經營中的企業，一個商業家族需要及值得傳
承的，更有家庭財富、家庭文化、價值觀、創業精神等等。

子女的能力和興趣尚且可以培育，意願卻真的因人而異。有些子女
會因為父母的成功，而希望參與家族企業的業務，畢竟他們心底裡
也希望可以得到父母的肯定；但亦有些子女會因為父母的成功，而
拒絕參與家族企業，因為他們心底裡怕外界會將他們與父母的成就
比較。究竟子女的心態如何，身為父母的不一定完全了解。所以，

要做好傳承規劃，需有傳承專家以第三者的身份，透過充分的溝通去了解兩代人的期望，從而設計合適的策略。

企業家也要「享贈傳」

萬一子女真的沒有意願接手，那麼可以如何處理？無論上市或非上市公司，都有一個企業價值。如果下一代不接班，那不如將企業賣個好價錢，把財富傳承下去。財富基礎能讓子女擁有比別人更多的選擇權，發展自己有興趣的事業，例如成為專業人士，或創立自己的品牌生意，或享受生活、體驗世界等等。

問題是當創辦人離世，究竟誰會用創辦人心目中的企業價格來買這些股份？對非公開上市的公司來說，購買者不外乎合作夥伴、競爭對手，或由企業管理層聯手買入。如此一來，創辦人的子女將無可避免地，需要以大幅折讓的低價格出售公司股份，做成家庭財富大量流失，如果同時面對經濟不景及銀行「落雨收遮」的雙重夾擊，甚

至會「一鋪清袋」，令父母一生累積的財富付諸流水。

如何能有效解決以上問題？辦法總比困難多，其中一個簡單直接而又適用於大部分企業家的方法，便是把握健康良好的時候，按自己心目中的企業價格投保人壽保險。舉例，你認為企業價值1億港元，就可以投保1億港元保額的人壽保險，受益人為你的子女。將來自己離開世界，子女可保證獲得與你心目中的企業價值相乎的賠償金。即使遇上極端狀況，哪怕公司倒閉甚至欠債，子女繼承遺產都只需承擔死者個人擔保的債務，而保險理賠是直接給予受益人的，並不算是遺產的一部份。當子女收到這筆錢，如何運用就由他們決定，他們可以選擇用這筆錢將你的企業再創高峰，或者創立自己的事業，開拓一片新天地。

企業家如有「斷捨離」的心態，有捨得放手的心，有信任後代的心，也能如「打工仔」一樣開展人生下半場，專心「享富」！

附錄 01 常見傳承工具比較

在本書的模擬個案中，有三種經常出現的重要傳承工具，分別是人壽保險、遺囑和信託。下表從不同角度比較三種工具，方便大家規劃「享贈傳」時可作參考。

資產傳承工具	人壽保險	遺囑	信托
傳承對象	▶ 受益人主要是直系親屬，商業合作夥伴，非同居伴侶及同性伴侶，特定情況下更可包括非直系親屬如姑媽叔伯，甚至未婚夫妻、男女朋友等。	▶ 可自由分配遺產給予任何人（需考慮為親人提供合理經濟給養的因素）	▶ 將遺囑交由信託人或公司管理。
靈活性	▶ 以人壽保險分配資產，比物業或其他資產靈活自主，更可與其他資產綜合考慮，調節合適的百分比，將總資產平均分配給予受益人。	▶ 立遺囑人可隨時修改遺囑內容，改變遺產分配方法。 ▶ 可自行書寫並找2名非受益人的見證人見證或找律師協助。	▶ 信託公司會透過信託契據及意願書執行委託人的意願。
私隱性	▶ 傳承給特定受益人之餘保持隱私，可以不讓其他家族成員知曉。	▶ 由於需要公開，因此沒有隱私。	▶ 可控制受益人的知情權。

資產傳承工具	人壽保險	遺囑	信託
資金流動性	▶ 人壽保險受益人可直接取得身故賠償，毋需經過遺產承辦程序而凍結資產，保持充裕流動資金。 ▶ 保單可隨時套現，提取及抵押貸款，規劃傳承之餘保持資金以應付不時之需。	▶ 於申請遺囑承辦時間，須凍結及清點遺產，繼承人如須依賴有關財產，生活可能受影響。	▶ 視乎成立的司法管轄區，信託年期可長達數十年至永續，一經啟動，且委託人離世，有機會難以撤銷及提取資金。
資產保值／增值作用	▶ 具創造及分配資產功能。 ▶ 終身人壽保險具有儲蓄成分，累積保單現金價值。 ▶ 某些計劃可鎖定保單價值，確保財政穩健。 ▶ 保單回報穩定增長，免卻主動投資的風險。 ▶ 人壽保險可創造財富槓桿，倍大可供傳承的資產，以至提供資金繳付遺產稅（如有）。	▶ 只分配資產，不具資產保值功能。	▶ 信託只是持有資產的架構，資產是否保值取決於投資經理的表現。 ▶ 委託人可指明投資於股票、保單、債券或地產等不同範疇。 ▶ 委託人可指定合適人士或機構成為投資經理。 ▶ 可防止信託人以外人士變賣資產。 ▶ 受益權和擁有權分離，可實現資產隔離與保護。 ▶ 可設定除外人士，減低資產外流的風險。

資產傳承工具	人壽保險	遺囑	信託
「分期支付」功能	▶ 可設定分期發放身故賠償,防止受益人過度揮霍,提供長遠保障。		▶ 可指定受益人分階段取得財產,以免揮霍。
費用	▶ 沒有額外手續費。	▶ 找專業人士訂立遺囑收費視乎情況而定,請向律師查詢詳情及尋求專業法律意見。	▶ 銀行成立信託的收費比較昂貴,每年約佔信託資產1%至2%。 ▶ 獨立的專業信託公司,則按服務而非資產規模收費。
取得資產所需時間	▶ 一般可數星期內完成身故索償手續(須視乎情況及保險公司而定),比經遺囑取得遺產所需時間短。	▶ 遺囑執行人須申請遺囑承辦書方可取得遺產,一般簡單情況下,可能需時5至7個星期,倘若涉及大量資產,需時半年到1年亦比比皆是。	▶ 成立時間視乎資產複雜程度而定,成立後即可安排分配財產。無論委託人身故前後,均可如常運作。

資產傳承工具	人壽保險	遺囑	信託
潛在風險	▶ 根據《破產條例》，受託人可將破產人有權獲得的所有財產（包括人壽保險保單）收歸其保管。除非保單生效超過 5 年或為配偶及子女購買保單並指定她們為受益人。 ▶ 若於已繳保費未達盈虧平衡前終止保單，可能引致損失。	▶ 若有人質疑遺囑法律效力，遺產受益人可能須證明立遺囑人於草擬及簽署遺囑時的意願及精神狀況。 ▶ 債務亦計算在遺產的一部份。 ▶ 非常容易被挑戰，並沒有隱私。 ▶ 即使已立遺囑，法庭亦可根據《財產繼承（供養遺屬及受養人）條例》，下令將部分遺產分予特定家族成員或受養人。	▶ 有關的服務收費會隨通脹提升，有機會失去預算，投資的回報不及手續費，導致資產被蠶食。 ▶ 若有關信託公司倒閉，信託指示將受影響，但可隨時更換信託公司。 ▶ 若成立的條款不當，如委託人權力過大，則有機會失去原有的資產保護功能。

附錄02
退休「四大開支」
準備進度檢測

泛指自住居所開支

（如沒有自置物業則要留意相關的租金）

持有已供滿的自住物業？ （是／否）

如未供滿，預計退休前是否供滿？ （是／否）

該物業是否適合退休生活（比如週邊及室內環境）？ （是／否）

如沒有自置物業，是否已有居住方案（如預期從家人繼承或

擁有一個可以抵禦租金通脹的投資組合等等）？ （是／否）

泛指必要開支

（如基本飲食、家居水電煤及管理費等等）

預期退休後必要開支：＿＿＿＿＿＿ 港元（每年）

已有的被動收入金額：＿＿＿＿＿＿ 港元（每年）

現有及預計將有的被動收入類別：＿＿＿＿＿＿＿＿＿＿＿＿＿＿＿＿＿＿＿

醫

泛指醫療及重大疾病的開支（如生病入院及康復支出等等）

家人是否有特別的病歷記錄？ （是／否）

是否持有醫療及危疾保險？ （是／否）

是否有信心應付於退休後持續上升的保費開支？ （是／否）

是否有進入長期護理階段的財務準備（如平安三寶）？ （是／否）

玩

泛指非必要開支（如娛樂、旅遊、奢侈品開支等等）

預期退休後的非必要開支：＿＿＿＿＿＿＿ 港元（每年）

已有或將會準備退休後的投資方案？（是／否）

附錄 03 資產清單

清晰就是力量，以下的資產清單，能夠協助你全面檢視
自己的資產現況，更容易開展「贈傳」規劃。你亦可掃瞄
QR Code下載表格。

資產清單	資產所在地/地址	託管機構/託管人	戶口/帳戶/保單號碼	持有方式（個人/聯名/公司/信託）	價值	現時繼承方式（遺囑/無遺囑/保單受益人）	登入名稱（如有）	密碼（如有）
金融資產								
現金								
存款								
上市公司股票								
債券								
基金								
保單								
投資相連保單								
衍生工具								
貴金屬								
MPF								

資產清單	資產所在地 / 地址	託管機構 / 託管人	戶口 / 帳戶 / 保單號碼	持有方式（個人 / 聯名 / 公司 / 信託）	價值	現時繼承方式（遺囑 / 無遺囑 / 保單受益人）	登入名稱（如有）	密碼（如有）
實物資產								
物業								
車位								
珠寶、首飾、名錶、手袋								
藝術品								
古董								
汽車、遊艇								
數碼資產								
虛擬貨幣								
社交媒體帳戶								
其他帳戶								
公司股份								
企業股份								
其他私募投資								
債務								
私人貸款								
樓宇按揭								
其他貸款								

Wealth 160

富活享贈傳

作者	李澄幸（Ray）、程俊昌（Gifford）
內容總監	曾玉英
責任編輯	Alba Wong
書籍設計	Yue Lau
相片提供	iStock Images

出版	天窗出版社有限公司 Enrich Publishing Ltd.
發行	天窗出版社有限公司 Enrich Publishing Ltd.
	香港九龍觀塘鴻圖道78號17樓A室
電話	(852) 2793 5678
傳真	(852) 2793 5030
網址	www.enrichculture.com
電郵	info@enrichculture.com
出版日期	2024年3月初版

定價	港幣 $168　新台幣 $840
國際書號	978-988-8853-19-9
圖書分類	（1）投資理財　（2）工商管理

免責聲明

本書提供一般財務、稅務及法律信息，僅供參考，並不構成對任何人士提供任何稅務、法律、財務意見或任何形式的建議。

儘管我們盡力提供準確，完整，可靠，無錯誤的信息。我們並不會對此等資料的準確性及完整性作出保證、陳述或擔保，及不會對此等資料承擔任何責任。本書所提供的資料、數據可因應情況、各國政策修改而不作另行通知。

無論基於任何原因，本書之部分或全部內容均不得複製或進一步發放予任何人士或實體。

支持環保　此書紙張經無氯漂白及以北歐再生林木纖維製造，並採用環保油墨。